PR先進国の
評価モデルに学ぶ
広報の効果測定

# 広報・PR効果は本当に測れないのか？

トム・ワトソン＋ポール・ノーブル［著］
林 正＋石塚嘉一＋佐桑 徹［訳］

EVALUATING PUBLIC RELATION
A BEST PRACTICE GUIDE TO PUBLIC RELATIONS PLANNING, RESEARCH & EVALUATION

ダイヤモンド社

EVALUATING PUBLIC RELATIONS

by

TOM WATSON & PAUL NOBLE



Japanese translation published by arrangement with Kogan Page Ltd
through The English Agency (Japan) Ltd.

# 訳者まえがき

企業を取り巻く経営環境は、企業活動のグローバル化、ＩＴ化、ＮＰＯ・ＮＧＯの台頭、社会や従業員の企業に対する意識の変化等により大きく変わってきている。企業経営を支える広報部門への期待と役割も増大し、従来の「マスコミ対応」「社内報作成」に加え、戦略的な広報活動が求められている。

経済広報センターは、３年に一度、会員企業を対象に「企業の広報活動に関する意識実態調査」を実施している。

そのなかに「広報部門として日頃抱えている悩み」を聞く質問がある。毎回、第二位以下を大きく引き離して第一位が「広報活動の効果測定が難しいこと」である。２００５年調査において68・7％（第二位「広報の人員が少ないこと」が45・7％）、２００２年調査も69・6％（第二位「広報の人員が少ないこと」が46・1％）であった。「広報の効果測定」は広報担当者にとって大きな課題である。

広報活動の効果測定は、マーケティング理論で測定可能とされる広告・宣伝の効果測定と異なり、「永遠の課題」とすらいわれている。

では、日本の企業はどのような広報活動の効果測定を行なっているのだろうか。前述した「意識実態調査」（２００５年）は、実際にどのような効果測定を行なっているかも聞いている。

第一位は「新聞などに報道された文字数・行数・頻度」が45・7％、第二位は「マスコミ各社の注目度」（31・8％）、第三位「マスコミ各社が行なう企業ランキング調査の結果」（30・4％）、第四位「自社で定期的に行なっている企業イメージ調査の結果」（21・1％）、第五位「記事を『プラス』『マイナス』『中立』等に分類し測定」（21・1％）、以下は「株価の動向」（20・1％）、「他社、他団体による広報、広告、宣伝関係の表彰」（11・7％）、「求人に対する応募状況や学生の人気ランキング」（9.3％）、「その他」（5.0％）の順であった。

「特に指標はない」との回答は、２００５年調査では22・0％であった。ただ、「特に指標はない」との回答は２００２年調査では31・7％であったので、なんらかの指標を用いて広報の効果測定を行なっている企業が増加していることがわかる。また、この質問は「複数回答可」で尋ねており、各項目の回答率を足すと、１００％を大きく上回るので、多くの企業が複数の指標を用いて広報活動を評価していると想像される。

このように、企業の広報関係者の悩みの第一位であり、関心が高いと思われる「広報の効果測定」であるが、日本では、これをテーマにした書籍を見たことがない。大きな書店では「広報」「ＰＲ」に関する本を並べたコーナーがあるが、少なくともそうした棚で眼にしたことはない。

そこで、この『EVALUATING PUBLIC RELATIONS』を翻訳することにした。

この本は英国PRコンサルタント協会会長を務めたトム・ワトソン氏と英国PR協会公認トレーナーであるポール・ノーブル氏の共著である。

本書では、広報の効果測定を単なる報道量の測定だけではなく、それが人びとの意識を変え、行動を変えたかという、その影響度合いや成果をどのように測定すればよいのかについて、欧米の手法を紹介している。

第1章では、まず、PRの理論と定義、歴史について述べている。第2章で、PR評価の理論と心理学の関係を見ている。第3章から第5章にかけては、PR活動の評価を社会学的なアプローチから行なうべきだとする学界と、大多数のPR実務家の勘と経験による方法の間に大きなギャップがあり、なぜ実務家が評価モデルを広く採用していないのか、が記されている。また、評価と密接に関係する調査について、その手法と応用に関してアドバイスしている。

そして第6章ではメディア評価制度を確立するための具体策。第7章はそのケース・スタディとなっている。第8章では、PR活動の評価においてオブジェクティブ（目標）が果たす重要な役割が説明され、第9章では、オンラインPRなどPR評価の今後の課題に触れている。

本書が、効果測定について悩んでおられる広報・PR関係者のお役に立てれば幸いである。

また、本書では、いくつか側注を記しているが、これはすべて訳者によるものである。

なお、翻訳の一部（第5章）を経済広報センターの吉川英里主任研究員にお願いした。編集を担当されたダイヤモンド社事業開発局の坪谷美智子さんにも感謝したい。

2007年7月

訳者
林　正
石塚　嘉一
佐桑　徹

広報・PR効果は本当に測れないのか?——目次

# 第7章 ケーススタディ ——評価の実際 175

## 第8章 何を目指すのか ——目標と目標設定 205



## 第9章 PR評価の今後 ——将来の発展 235

第1章

# PRとは何か

Principles of public relations practice——PR実務の原則

# PRの理論と評価実務

**世界中のPR実務担当者にとって「PRの評価」は、仕事で直面する主要な課題のうち常に上位にリストアップされる。**「PRの評価」とは何か。それを問う前に、まずPRに関する理論と議論について検討する必要がある。実務担当者にとって、理論は時に、「PRを実践する」のを邪魔する「たわごと」でしかない。しかし、**理論とは、実際に行なわれたことを観察して得られたものであり、結果を予測するのに役立つ。理論と評価実務は、切っても切り離せないものなのである。**

PRは、比較的新しいプロフェッショナルな活動であり、その知識と理論はいまだ発展途上にある。そのため現在のPR実務において、理論の果たす役割は限られている。

PRの課題や問題の研究のために科学的調査を採用することは、キャンペーンやその他のPR活動を効果的に行なう際に、多くの利点をもたらす。しっかりとした調査によって得られた理論は、PR活動を予測し、理解する助けとなり、複製利用ができるモデルとなる。したがって、実務担当者は、適切な理論を利用することによりその経験を裏づけることが可能となり、「こうした行動をとれば、こうした結果が得られる」と説明できることになろう。

**PR実務は、人文学・社会科学の範疇に入るものであり、より正確に測定する自然科学とは異なっ**

**ている。**ＰＲ活動は、多様なコミュニケーションの手法を使うため、研究室での自然科学の実験とは異なり、他のコミュニケーションの影響から逃れられない。したがって、概念や理論は観察された実務に基づくことになろう。**絶対的真理のような客観的知識が、自然科学のように得られるかどうかは、将来の研究課題である。**

ＰＲプログラムを計画する際に、複製という考え方は役に立つ理論である。もしも理論が「われわれにとって関心のある現象を説明し予測する」ならば、理論は、同様の状況において何度でも適用できる。すなわち、理論は実務や将来の調査活動において複製利用できるものとなる。

社会科学に基づく科学的調査は、ＰＲ担当者に現在の実務に適用できるモデル理論を作り出す。

## PRの進化

今日見られるようなＰＲの実務は、20世紀に入ってから、新聞広告や宣伝から発展してきた。米国の学者、ジェイムズ・グラニグやトッド・ハントによれば、ＰＲに似た活動は、紀元前１８００年のギリシャの修辞家たちに遡ることができる。しかし、エーゲ海の時代から今日のＰＲ産業へと直接つながる系図をたどるのは困難である。

多くの人たちは、ＰＲは米国から発展したと見ており、米国のＰＲ実務家は、「バーナム＆ベイリー・

サーカス」で有名なフィニアス・T・バーナムが始まりだと主張している。だが、最も可能性が高いのは、第一次世界大戦中の主要戦闘国における政府の活動が始まりであるとする見方である。情報を統制し、英国、フランス、米国の国民の士気を高める必要があったことが、政府のプロパガンダ組織の成立につながった。

この**一方通行の説得的パブリシティ手段としてのPRの考え方は、20世紀を通して支配的なやり方として続いた。**英米両国における新聞広告代理店が果たした役割がその典型である。彼らはクライアントの名前を新聞に掲載するよう手配し、掲載された行数に応じた料金に基づき、報酬を得た。

１９２０年代にPRの発展に大きな貢献をしたのがエドワード・バーネイズである。彼は、より洗練された形で一方通行のコミュニケーション論を展開した。すなわちPRとは、情報・説得・操作活動により大衆の支持を取りつける試みであると主張した。

多くのPR実務家にとって、説得できるということは、経営者の考え方を周知させる場合にしても、ある製品またはサービスに対する認知度を高め、それによって販売をてこ入れする場合にしても、PR活動の成果として彼らの望むところである。彼らは、「PR努力」が有益でかつ利益に影響を与える変化をもたらしたかどうか、すなわち成果を求めるものである。しかし、バーネイズは、粗っぽい一方通行のコミュニケーションを単純に主張したのではなかった。彼の目的は、社会科学の方法を、まず状況の調査に適用し、次いで最も効果的なコミュニケーションの方法を作り出すことであった。

**このような初期の手法に欠けていたのは、双方向コミュニケーション、戦略、フィードバックといった高度の概念である。**バーネイズやその他米国の指導的な実務家は、より方法論的に調査を行ない、戦略を練ったが、新聞広告代理店や宣伝業者は十分な手法を持ち合わせていなかった。彼らの関心は、新聞・雑誌に掲載される行数を増やすことであって、クライアントの目的を達成するための戦略を練ることではなかった。

１９５０年代以降、「相互利益」や「善意」のような考え方がいっそう広がり、ＰＲは、一方通行のパブリシティ重視から、より計画的な手法を採用する方向に移っていった。この転換は大きな進展であったものの、現在も、大きな課題として残っている。２００４年に、英国のＰＲ協会（ＩＰＲ）とコミュニケーション・ディレクターズ・フォーラム（ＣＤＦ）が行なった研究では、次のような結論を提言のなかで出している。「ＰＲ産業は、適切な計画(Planning)、調査(Research)、評価(Evaluation)、すなわちＰＲＥを実施するために必要とされる技術的な理解にもっと力点を置くべきである」というものである。これについては、第９章で詳述する。

## ＰＲの定義

**ジェイムズ・グラニグは、ＰＲ活動を四つに分類し、定義した。①新聞広告およびパブリシティ、**

**②公共広報（パブリック・インフォメーション）、③双方向非対称モデル、④双方向対称モデルの四つである。**新聞広告およびパブリシティについてはすでに触れた。公共広報は、内部ジャーナリスト(＊)によって行なわれる肯定的な情報の提供である。これら①と②は、どちらも一方通行のモデルであり、このモデルにおいては、ＰＲ実務家は、非公式のフィードバックや調査を通じて情報を求めることをしない。

**グラニグの双方向非対称モデルは、組織自身の行動を変えることなく大衆の支持を取りつけられるメッセージとは何かを確認するというものである。**グラニグによると、「結果は、非対称的なものとなる。望ましい行動の変化とは組織に利益をもたらすことであって、大衆にではないからである」。このモデルは、何十年も前に定義されたバーネイズの考え方に最も近いもので、現代的で洗練されたＰＲ実務の特徴を有している。

**ＰＲ理論に関するグラニグの主な貢献の一つは、ＰＲの対称モデルである。彼はそれを「組織と大衆の両方にとって利益となるもの」と説明している。**それは、社会的良心を有するＰＲであり、ＰＲをより利他主義的に定義することと密接に関係している。実際に、２００３年に英国の貿易産業省とＩＰＲとの共同で発表された報告書では、現在の英国におけるＰＲ実務の問題点の一つを、次のように認識している。**ＰＲは、長期的かつ戦略的なリレーションシップ・マネジメント（関係管理）や、企業の社会的責任（ＣＳＲ）のような新しい傾向に深く関与するものでなければならない。**

**＊内部ジャーナリスト**　官庁や企業と契約したり、常駐し、その官庁や企業に関する記事を書き、メディアに寄稿するジャーナリスト。

PRとは何か。多くの人にとって、最も単純な答えは、会社、自分の名前などを活字にさせ、放送させることである。そのほかの人たちにとっては、パブリシティ（宣伝）のことであり、これにより名前を認知させ、人びとの反応を得ることである。

このような**外向けで一方通行的プロセスの結果は、通常、新聞の切り抜きや放送記録を集め、名前が出された回数、記事の大きさ・長さ、放送時間などを広告費に換算するという形で測定・評価されている。**このようなことは日常のPR活動の一場面であり、PRプロセスを定義するものでも、PRという言葉の意味を説明するものでもない。

PRの定義に関して最も頻繁に触れられるのが、その経営的機能という事柄である。特に米国では、カトリップやセンター、ブルームの主張が一般的に受け入れられている。彼らは、「**PRとは経営的機能であり、組織とその運命を委ねているさまざまな大衆との間に、相互に利益を得られる関係（互恵）を構築し、維持することである**」と述べている。

この有名な定義には、注目すべきフレーズがいくつかある。まず、PRを「経営的機能」と見るもので、これは、結果を意識し、熟考された計画的な行為であることを意味する。これは、「認識し、確立し、維持する」ことによって強化されるが、これには調査と継続的な活動が重要である。「互恵の関係」とは、双方向のコミュニケーションに関するものであるが、組織が、自身だけでなく相互作用の関係にある大衆の両方にとって利益になるように行動することである。大衆を「組織の運命（成否）を委ねている」人たちだとさらに定義することによって、この定義は、もう一段階進むことになるが、これは、ほとんどトートロジー（類語反復）に等しい。というのは、そもそも大衆とは、組織に名声を与え、企業、政府などの組織に存在理由を与えるものであり、組織にとっては最も重要な存在であるからである。

一方、英国における一般的な定義は、ＰＲ協会が提案したものである。それは、多くの面で米国の定義と同様なものであるが、顕著なことは、経営的機能を除外していることである。この定義によれば、「**ＰＲの実務とは、ある組織と大衆との間に善意と相互理解を構築し、それを維持するために計画的かつ継続的に努力することである**」（www.ipr.org.uk）。

英国と米国の定義は、善意と相互理解を構築し、維持するという目的に基づいて計画的、継続的な努力を行なうという点で、継続性の要素を共有している。また、双方向のコミュニケーションを強く期待しているという点でも同じである。

これとは対照的に、初期において、バーネイズは「ＰＲは大衆の支持を取りつける試みである」と定義し、説得の要素を強調した。これは一方通行的定義であり、一般に見られるＰＲ実務家の考え方におそらく最も近いものである。バーネイズは、そのＰＲ理論を社会科学、特に心理学の解釈から発展させた。ＰＲ実務家は、人間の行動の多様性を理解する必要があり、心理学の知識が重要だと考えた。人びとの行動を理解することによって、企業と、対象とする大衆の双方のニーズを満たすＰＲプログラムを策定することができるというものである。バーネイズの定義は、具体的な行動に重点を置いたものであり、願望的要素はなにも出てこない。当然のことながら、彼のPR理論は、操作的で反民主的なものを奨励しているとして強い批判を浴びた。

米国の二人の学者、ボタンとヘイズルトンは、1989年に次のように述べている。「PRは、評価の対象となる大衆や消費者の性向（態度やイメージ）とそこから派生する行動をコントロールすることを試みるプロセスを、PRという名のもとで定義づけることに役立つ」。これは、PRのプロセスに対する概念的な分析であり、少数派の定義の一つである。大多数は、PR実務の目的を定義している。

これらのPRに関する多くの定義から、二つの結論が引き出せる。

一つは、**グラニグらの学者によって提唱された双方向のコミュニケーション・モデルと、PR実務家が実際に採用している一方通行のモデルとの間に明確なギャップがある**ということである。このことは、学術的研究と実際の実務家の行動との比較を通して見られる相違である。

二つ目は、一方通行か双方向のどちらかだけの定義に限定されないPR実務の経営的な見方と、多くの双方向の定義に例示されている利他的なアプローチとの間での議論があるということである。

## 学問としてのPR

学問としてのPR理論が広く受け入れられているかどうかについては相当な議論がある。米国の作家レイ・サイモンの要約を借りると、「PRを実践する〝ハウツー〟の技術」ということになる。

多種多様なテキストがあるにもかかわらず、理論は十分に発達していない。1988年に、米国の学者、ジム・バンリューベンは辛らつにコメントしている。**「PRにおいて理論として通用しているものの多くは、専門家の主張する公理を適当に寄せ集めたものである。その公理でさえ、PRを必要な経営機能として確立しようとして、PRの実務に関するさまざまな見方を合わせたものにすぎない」**。

グラニグとハントは、20年以上前に、**「PRは学問としてはまだ幼児期にある」**とコメントしている。グラニグは、さらに最近の論文のなかで、PR理論の性格について次のように述べている。「われわれは、PRに適用できる多くの理論を思いつくことができるが、他の学問分野からの借りものでない独自のPR理論について思いつくことは困難である。したがって、学問としてのPRは、断片的で独自性がないように思われる」。

グラニグの四つの実務モデルとPRに関する状況理論は、20年以上かけて開発されたものであるが、グラニグの四つのモデルはそれ自身、PR理論に貢献するものではない。なぜなら、それらは本質的には、ＰＲ実務家の行動や態度に関する観察にすぎないからである。

しかしながら、グラニグは、ＰＲの対称モデルを使って、状況理論を発展させた。この理論は、人びとはなぜコミュニケーションをするのか、そしてどんなときに最もコミュニケーションをしそうか、を説明しようとしている。グラニグによると、この理論は、一般大衆をさまざまに分析・分類するときに、予測したコミュニケーション行動をどのように使うかを説明するものである。この理論によって、マーケット・セグメンテーション理論と同じようなやり方で、大衆を分類する手段が得られるというのである。この狙いは、ＰＲ活動の計画の際に、その影響を受ける人びとのさまざまな反応を予測しようとするものである。すなわち、問題に対する反応度合い、コミュニケーション行動の量および性質、認識・態度・行動に与えるコミュニケーションの影響、組織に圧力をかける集団的行動への参加の可能性などである。グラニグはこの理論をさらに発展させているが、一方で、この理論は、大衆とメディアとＰＲ実務家との間の相互作用といった概念を研究するのにも使われている。

## マネジメントとしてのＰＲ

ＰＲに関するヨーロッパの考え方は、社会学的かつ修辞学的性格を有している。一方、米国の研究は、経営理論に根拠を置いているほかコミュニケーションおよび世論調査の概念を借用している。したがって、ヨーロッパの人びとはＰＲの実務や経営的側面には深く関わっていない。英国の学者のトビー・マクマナスとダニー・モスは、１９９４年にヨーロッパで最初に開催されたＰＲ研究シンポジウムの感想を次のようにコメントした。「研究に関する伝統が異なっており、そのコントラストが際立っていた。オランダ人やドイツ人の発表は、理論的、規範的問題を強調したものであったが、英国人、米国人の発表はより経験的、実証的なものであった」。

ヨーロッパの手法はＰＲ実務の主流にほとんど影響を与えることはなかった。逆に、米国系の理論がヨーロッパの研究者に与える影響は大きくなっている。オランダの学者、ベテケ・バンルーラーも、１９９２年に米国の理論の優位性を認めて、「ＰＲ理論のほとんどは米国生まれのものである」と述べている。

ヨーロッパの学者たちは、ＰＲを社会的な視点でとらえるときに、ヴェーバー、ハバーマス、フーコー、ブールドーといった社会学者やコミュニケーションの理論家の考えを取り入れている。ドイツの学者、マンフレッド・ルールによれば、ＰＲ実務家、クライアント、経営者などがＰＲの持つ潜在的な役割を正しく評価しないのは、主にＰＲの「社会的側面」に関する概念を構築することに関心がないためということになる。**この章で述べられたＰＲの理論的、歴史的進化を見ると、ＰＲは主としてマネジメントの方向に進んでいることがわかる。**それ自体の性格からして、**経営は、事業に関する上司への報告、進捗中の事業の測定、事業の成果を要求するなど双方向的要素がある。したがって、**

**こうした要素を満たす「評価」は、ＰＲ実務における不可欠の部分であるべきである。**グラニグが述べているように、**現在のＰＲ実務は、情報の一方通行的配信あるいは非対称の双方向モデルしか採用していない**からである。

第2章

# PRの評価とは何か

Evaluation and communication psychology——PRの評価とコミュニケーション心理学

*『宇宙戦争』 宇宙戦争を題材とした作品は数多いが、最もポピュラーで、作者がわかっているものとしては最古の作品。



## マスメディアの影響力

**1930年代に、マスメディアは大衆の行動に影響を与える強力で継続的な力を有する、とする研究があった。** その根拠として、識字率の向上、ラジオの影響、欧州諸国における大衆運動の盛り上がりなどが指摘された。しばしば引き合いに出されたのが、オーソン・ウェルズの『宇宙戦争(*)』のラジオ放送であった。それは、有名なSF作家、H・G・ウェルズの原作を改作し朗読放送したものであったが、何万ものラジオ聴取者は、火星人が本当に米国の東海岸を攻撃したと思い騒ぎになったのであった。

**それからの20年間には、その逆の議論が起こった。すなわち、マスメディアは大衆を説得できるほどの影響力を持たないのだという、いわゆる「最小限の効果」理論である。** 現在の多くの考え方とPR実務は、これらの理論から発展した。

**マッコイとハーギーはマスメディアの影響力に関する主要なコンセプトのいくつかを次のようにまとめている。**

■人と人との関係が与える影響は非常に強く、情報の広がりと解釈に関してオピニオンリーダーは重大な役割を果たす。

■キャンペーンの効果を制限する障害として、大衆には次の三つの傾向がある。すなわち、「選択的取捨」—これまでの考え方、経験と一致するメッセージに関心を向ける傾向、「選択的認識」—これまでの考え方、経験によってメッセージを解釈する傾向、および、「選択的記憶」—これまでの考え方、経験と一致するメッセージを覚えておく傾向。

■こうした認識の一貫性という考え方と対照的なのは、フェスティンガーの「認知不協和理論」で、これによると、考え方というのは、それと矛盾する不協和な考え方と対比されると変化しうるという。

■フェスティンガーは、考え方の変化は不協和によって起こりうるとしたが、その後、人びとは自身に関係のある情報を選択するのであってこれまでの見方を補強するからではない、ということが明らかになってきている。

■マスメディアよりも人的なネットワークのほうが影響力が大きいとする意見が現在では強くなってきている。社会的学習の理論家たちの指摘によると、われわれは、あらゆる社会的ネットワークを通じて、他の人びとと議論し、それに基づいて考え方をまとめ、修正し、維持する。たとえば、ある記事を読んだとしても、われわれのある問題に対する態度、倫理的スタンス、あるいは製品に対する考え方は、家族とか、職場やその他の社会的環境における他者との対話によって形成されるこ

**とになろう。**

われわれが情報を受け取り、保有し、それに対して反応する仕方を説明する理論やモデルは数多くある。その一つに、メッセージの受け手は、ステップAがステップBに、ステップBはステップCに、と予想できる方法で行動し続けるという**ドミノ理論**がある。ドミノ理論は、ある特定のアプローチによってほとんど確実にある結果が得られるとするコミュニケーション戦略の文書に見られる。しかしながら、われわれ人間は、機械的な方法で考え行動するわけではない。理論というのは説明に役立つが予測には役立たない。それでも、理論はPRキャンペーンを作成するのには役立つ。

**実務の支配的な考え方はPRを説得と同等と見なしている。**評価の理論を議論するためには、説得の性質を見直さなければならない。それには、コミュニケーション心理学のモデルが活用できる。とりわけマクガイアの「コミュニケーションおよび説得プロセスのアウトプット分析」が説得ベースのPRの評価に役立つ。それは、次の6段階に要約される。

**1. プレゼンテーション――PR対象にメッセージを伝える。**
**2. 関心――PR対象が関心を払う。**
**3. 理解――PR対象がメッセージを処理する［ターゲットは必ずしもメッセージを**

4. 受容――「PR対象がメッセージを理解し、受け入れ、その結果、認知・感情の状態に変化が起こる。

5. 記憶――PR対象は一定期間メッセージを記憶する［しかし、メッセージは、記憶されても、変更されることがありうるし、したがって受け取られたときと同じではない］。

6. 行動――PR対象が、コミュニケーター（メッセージを発した側）が望んだ方法で行動する。

理解しない、または正確にあるいは意図されたようには理解しないが、一定の理解はする」。

マクガイアのモデルは、各段階において期待した結果をもたらさない可能性があるという問題に言及しているので、ドミノ理論モデルではない。しかしながら、PR活動のなかで注意して評価すべき要素である「情報の配信」は、コミュニケーション・プロセスにおける最初の「プレゼンテーション」の段階でしかない。その段階にだけ注視していると、キャンペーンの進行全体を監視できなくなる。

この6段階のプロセスは、さらに、「**アウトプット**（プレゼンテーション）」、「**影響**（関心、理解、受容、記憶）」、「**効果**（行動）」の三つの主要段階に圧縮できる。

現在のＰＲ実務についての学者による議論では、キャンペーンが提案するような「行動の変化」は達成不可能という批判がしばしば出される。**マッコイとハーギーは次のように論じている。「ＰＲ実務家は、まず、行動ドミノ理論から決別しなければならない。第二に、効果に対するもっと控えめの期待を受け入れなければならない。第三に、当初の狙いと代替しうる成果も考慮すべきである」**。

コミュニケーション効果を調査し、肯定的な結果を得たイベント・リサーチャーでさえ、ＰＲが知識へと発展する認識を作り出し、それが好意的な態度の形成につながり、その結果、行動の変化をもたらすと信じるのは、単純すぎると認めている。

**米国の研究家ドージアーとイーリングは、ＰＲキャンペーンにより消費者の行動が変化する可能性は0・04％しかないと述べている。マッコイとハーギーは、ＰＲ実務家が本来の目標の代わりになる、より現実的な目標を設定するように提案する。**消費者の態度および行動の変化を最も引き起こしやすい課題の設定などがそれに当たる。

オーストラリアの評論家ジム・マクナマラが言うように、「**このことは、コミュニケーションが全然効果がないということではない。しかし、コミュニケーションの成果を当然と見なして仮定することは危険であるということを示している**」のである。

## PR評価の意味

**PRの評価とは何であろうか。それは、アウトプット（産出結果）を測定することか、それとも定義された目標に対する進捗度合いを監視することなのか。それはPR企画やキャンペーンの結果の価値を数字で表示することか。それは、PRのプロセスの最終段階のものなのか、それともまだ続く活動のうちの一つなのか。**

評価を議論するときには、それが何を意味するのかについて相当の混乱がある。グラニグとハントは、プレスによる大量の報道が得られたことによって、予算の支出を正当化するPR実務家のことに触れている。英国のPR・マーケティング紙誌の記事では、PR評価を「支出を正当化するためのもの」として論じており、これはグラニグとハントの例と同様である。ホワイトは、企業の経営者・管理職層はPRの評価に関心を持っていると述べている。**「評価は、PR活動につぎ込まれる時間、努力、資源（金・人）に関する質問―すなわち、PR関係の投資、コストは正当化されるか。―に答えるのに役立つ」**。

効果的な評価が行なわれるためには、出発点が明確にされなければならない。出発点とは調査の対象となる比較のベースや設定された具体的な目標などである。ドージァーは、「**目的がないプログラ**

**ムの測定は実体のない形だけのものであり、本当の評価は不可能である**」と述べている。ワイスは、「質問事項を考え、評価の設計が行なわれる前に、評価の目的が明確に述べられ、測定できる目的が策定されなければならない」としている。

出発点と目標は、プログラム設計の一部として定義されなければならない。そうすれば、中間地点の測定が可能となり、効果あるいは影響を評価することができる。ホワイトは、「**プログラムのスタート時点で正確で測定できる目標を設定することは、その後の評価にとっての前提条件である**」と論じている。これは、しばしば「言うは易く行なうは難し」であるが、スワインハートは、キャンペーンまたはプログラムの目標は、調査の設計、データ収集、キャンペーン方法、使われる戦略などと密接に関係しているべきである、と述べている。

ホワイトによれば、目標に適用されるべき五つの分野の質問があるという。つまり、

1. 目標の内容は何か。
2. PR対象は誰か。
3. 意図された変化はいつ起こるべきか。
4. 意図された変化は単一か複数か。
5. どれくらいの効果が望ましいか。

これらの質問を考慮することによって、単純なメディア測定や読者の反応分析は、言及される商品名、企業名などについてしか考えておらず、効果は考えていないことがわかる。たとえば、上場企業が『フィナンシャル・タイムズ』への掲載を目指すといった目標は、ＰＲ（正確には、報道対応を担当する）実務家をムチ打つこととなんら変わらない。ドージアーはこのような手法を**「擬似企画」**と**「擬似評価」**と呼ぶ。「擬似企画」はコミュニケーション活動に資源を配分することで、その目的はコミュニケーションだけを目指すものである。「擬似評価」は、「単純に、ニュースリリースをいくつ出したかや、その他のコミュニケーションの数を数えることである」。

スワインハートは、評価を四つのカテゴリーに分類する。すなわち、プロセス、質、中間の目標、最終の目標である。評価にはインパクト以上に大事なものがあることを彼は示唆している。彼はまた**効果重視の企画立案理論**に道を開いている。

1. **プロセスとは、「資料の準備と配布に関係する活動」である。**
2. **質とは、「資料や企画を正確性、明快性、設計の内容、製作価値の観点から評価すること」である。**
3. **中間目標とは、「達成すべきゴール（目的）に必要な副目標」、すなわちニュースを掲載させることである。**

## 4．最終目標とは、「狙った対象の知識、考え方、行動における変化をもたらすこと」である。

この分析は、企画立案と評価を組み合わせることの必要性を指摘している。「メディア・メンション」と呼ばれる、メディアに取り上げられる回数や時間で評価する単純なアプローチでは、企画立案とキャンペーンやその後の評価とを分離している。

## PR評価の複雑さ

人間には、よく知っている側面に焦点を当て、既成概念に合わない証拠は選択的に無視したうえで新しい経験や状況を理解するという傾向がある。

PRの評価に関する複雑さには、その実務関連の条件の多さという面もある。この点についてホワイトは、PRとマーケティングの学問を比較して、次のように説明する。「マーケティングは、より具体的な実務であり、それは販売目標や測定可能なマーケットシェアなどの予測された結果を得るために少数の可変要素を操作しながら、調査研究を行なうことができる」。しかしながら、PRはもっと複雑な活動であり、はるかに大きな数の可変要素と関係する。

PRの複雑さのさらなる側面は、メディアそのものや第三者への外注などあらゆる形の媒介コミュニケーションと関係していることである。特に、ＰＲにおいて主要な戦術であるメディア対応の結果は、実務担当者のコントロール下にあるものではなく、事態はさらに混乱する。たとえば、パブリシティなどを行なう報道対応を広告と比較するときに、ある市場調査者は次のように説明している。「見た目もよく立派な資料でも、誰も見ないプレス発表資料では意味がない。なにも起こらない。だから、ＰＲにおいては、記事を掲載してもらうことを成功させるためになにをしなければならないのかという問題につきあたるのである」。

だが実際、**評価を困難にする方法論上の問題**がいくつかあることは事実である。

1. **キャンペーンは特定の目的のために計画される。**したがって、ユニークなイベントやプロセスは評価しにくい。

2. **比較グループの取り扱いは難しい。**なぜなら目的とする人びとの意図を、対照群と比較できるように、対照群となる半分の人びとにはなにも働きかけないでおくということに対して、クライアントは、あまり理解してくれない。

3. **ＰＲ実務家がコントロールできない他の変数が存在する。**これらの変数はキャンペーンのターゲットである大衆に影響を与えるかもしれないし、競争相手によって行なわれるキャンペーンや、広告、ダイレクトメール、クチコミなどによるさまざまなメッセージの影響を受けているかもしれない。

4. 時間の経過が過程と結果に影響を及ぼすことがある。方法論的に正しい評価をするためには、「事前の」サンプルが、「事後の」データと同様に必要となる。つまり、キャンペーンの前に「評価」を実施しなければならない。

5. キャンペーンを管理している人や組織の誠実さが評価にも影響する。主観的な判断に陥り結果が歪曲される危険性があるからである。

6. さまざまな効果の評価に対する過剰なテクニックが存在する。

## 評価を定義する

実践としての評価は社会科学の研究方法にしっかりと根拠を置いている。ノーブルが指摘するように、「コミュニケーションの有効性を査定する手段としての評価はなにも新しいものではない」。ロッシとフリーマンは、1930年代のルーズベルト大統領のニューディール社会計画を評価しようとしたことが、社会科学的な実践としての「評価」の始まりであるとしている。

しかし、パットンによれば、評価がPRの課題として出始めたのとだいたい同じ頃の1960年代後半までは、評価は「プロフェッショナルな社会科学的実践の分野」ではなかった。つまり、PRの評価とある特定の社会科学的活動の評価とは、別々に、だいたい同じ時期に精査されるようになったのであり、互いの経験から学ぶことができる。

たとえば、パットンは、評価の広範な性質を、定義によって示している。

評価の実践とは、PRプログラム、それに動員された人びと、製品などが与える影響について、不確実性を減らし、効果を高め、意思決定をするために、ある特定の人たちが活用する情報を体系的に集めることである。

パットンは、「核心は、評価のための研究とプログラムの有効性を高める協議の過程にある」という重要な指摘をしている。このことは、フォーマティブ(*)な活動としての評価に力点を置くということである。つまり、プログラムの管理を強化するために中間段階のフィードバックを得るのである。

特に、PRは、しばしば総括的な評価を受け入れる傾向がある。つまり、プログラムの最終結果を査定するのである。たとえば、ブリスランドは、サマティブ(*)な評価を「プログラムとその結果の体系的な査定」だと定義する。「評価は、PR実務家にとって、クライアントに対して、そして彼ら自身に対しても、説明責任を果たす手段である」。ブルームとドージァーは、この方式のPR評価を(「評価だけの」アプローチだとして)批判している。というのは、調査研究が企画立案にとって必須のもの

*フォーマティブ　形成的な、成長を助ける、発達を促す。
*サマティブ　総括的な、総合的な。

だと見なされておらず、影響を追跡し査定することにだけ限られているからである。それは評価を、プログラムの後半の段階で行なわれる別の活動だとする見方を奨励することになる。したがって、これの意味するところは、プログラムは評価なしで実施することができるということになる。

それに対して、ワイリーはよりバランスのとれた見方を示す。彼は、パットンの「フォーマティブな評価」を支持しているが、サマティブな思考を除外しているわけではない。

我々はPR計画の具体的な目標を達成する際に順序を踏んでどれほど進捗状況を評価できるかを問題にしている。何を正しくやったか、何を間違ったか、どれほど進捗したか、そして、最も重要なことは、いかにして次回それをよりうまくやれるか、ということをわれわれは学んでいるのだ。

ワトソンは、PRにおいて、評価という言葉が何を意味するのかについて考察したあと、「相当な混乱」が実際にあるということを確認している。彼は、**評価の定義は、次の三つのグループに分類**できると主張する。つまり、第一は**「営業」的意味合い**から予算の使用を正当化するものである。第二は**「単純な効果」**を計るもので、プログラムがアウトプット（産出結果）の点から見るとうまくいったかどうかを問うものである。第三は**「目標効果」**で、目標を達成し、望ましい効果をあげたかどうかの観点からプログラムを判断するものである。

これら三つのグループの定義はすべて、サマティブな評価に焦点を当てているが、ただし第三グループは、評価を計画立案のプロセスに統合することによって、評価を設定された目標に関連づけるコンセプトを取り入れており、それゆえに、少なくとも、フォーマティブな基盤を有している。これにより、PRプログラムが設定された目標を達成したことを証明する評価プロセスは、使われた経費を正当化すると主張することが可能である。

**なかでもウィルコックスは、企画立案、目標、評価の間の密接なつながりを確認している。「いかなるPRプログラムも、正しく評価されるためには、明確に定められた一連の測定可能な目標を持っていることが重要である。これらの目標はプログラムの一部として取り入れられなければならない」。**

## 評価の原則

PRの評価についての現在の考え方を要約するのに、ノーブルは、**七つの評価の原則**を提示した。

1. **評価は調査である。**評価は調査に基づいた学問分野である。その目的は、知らせ、明確にすることであり、高い基準の厳密さと論理でもって行なわれる。PRの範囲は、パブリシティによるメディア対応から問題管理や企業の名声などにわたっており、ＰＲプログラムの立案、実施、測定において調査はますます重要な役割を果たすだろう。

2. **評価はとらえ方で変わる。**評価は、積極的で前向きかつフォーマティブな活動であり、プログラム管理を強化するためのフィードバックを提供する。これはまた、見直しであり、後ろを振り返ってキャンペーンおよび、または企画の最終結果を査定するサマティブな活動でもある。こうすることによって、評価は組織に対してＰＲの価値を明らかにし、それに割り当てられた予算を正当化できる。「フォーマティブな評価」は日々のプロフェッショナルなＰＲ実務の不可欠の部分であり、サマティブな評価が関係する最終的な影響力の発揮を促すことになる。しかしながら、もしもＰＲプログラムの最終的な影響力の測定や査定の代替としてフォーマティブなテクニックが使われたならば、ＰＲは信頼性を失い、評価は価値を失う。

3. **評価はユーザーや状況に依存する**ものであり、組織やキャンペーンの目標や基準に従って行なわれるべきである。組織が期待するＰＲ活動を理解し、それらの期待との関連において、ＰＲ活動は評価される必要がある。キャンペーンにとって適切な目標レベルのプログラムかどうかを調査・評価・実施することはＰＲ活動の管理機能である。

4. **評価は短期的である。**短期の評価は通常キャンペーンまたはプロジェクト重視のものである。そのようなキャンペーンはしばしばメディア対応のテクニックを使うことによって認知度を上げることと関連している。通常、結果をフィードバックして進行中のプロジェクトを微調整する十分な時間はない。しかし、それらは将来のキャンペーンの効果を強化するための経験を増大させる。この場合での短期というのは12カ月以内を意味する。

5. **評価は長期的である。**長期的評価は広範かつ戦略的なレベルで行なわれるが、これは経営、企業の評判、ブランド戦略などに関するものである。プロセスごとの評価において可能な評価方法論のどれを採用するかが問題となる。重要なことは、評価を目標に設定された基準によって行なうことである。市場調査などによる直接測定は、広範な評価方法論の一部でしかない。ブランド戦略などのコミュニケーション・プログラムは、継続的かつ長期的なものであるがゆえに、評価に関する調査からの定期的なフィードバックは、結果の測定だけでなく企画立案や企画の実施を微調整するのに役立つ。

6. **評価は相対的である。**評価はしばしば絶対的な判断ではなく相対的な結論を引き出す。たとえば、メディアの評価は、メディアによって伝えられたメッセージとジャーナリストに向けて発表されたメッセージとを比較することであり、過去のメッセージとの比較である。プロセス評価の目的は、しばしば、気紛れで、意味のないヒット報道を狙いとしているのではなく、傾向を重視するものである。

7. **評価は多面的である。**ＰＲは多段階のプロセスとして確立されている。一連の異なる方法論がそれぞれの段階で必要とされ、たとえば、プロセス評価は、影響や効果の有効性を強化するために使われる。異なる状況においては異なるテクニックを使うという考え方ができた結果、コミュニケーション実務家が使える一連の方法論をまとめたものとして「ツールキット」という呼び方が使われるようになった。

**英国では、『PRウィーク』誌が、PR予算の少なくとも10%を調査研究および評価に充てるべきだと呼びかけている。**これに対して目標設定を綿密に行なうことを長年主張してきた理論家は、予算というよりもPRがもっと調査重視のものになるべきだと主張している。

PR予算の10%を調査研究や評価に充てるべきという主張は、一見素晴しいことであるが、これは調査研究と評価は別物であるという議論を導くことになる。しかし、**調査同様評価は、プロフェッショナルなPR活動において欠くことのできない一部である。**評価できないPR活動は、プロフェッショナルなPR活動ではないという挑発的な議論がある。

第3章

# なぜPR評価は普及しないのか

Practitioner culture——実務家の意識

## 効果測定かそれとも創造性か

実務家の間での議論の核心は、評価は創造性を犠牲にし、それを細かい計算の問題にしてしまうというところにある。評価は、過去にこだわり、前を向かない会計士の態度であるというのである。特に、古参の実務家やジャーナリストとしての経験を有する人たちがこの考え方を支持し、ＰＲというのは単なる職業でも科学でもなく、定義や測定を超えた美術や工芸の問題であると主張する。かくして評価は、芸術的ＰＲを変質させるものであり、潜在的脅威であると見なされることになる。

米国のＰＲの先駆者であるアイビー・リーは、自分の仕事は、個性の延長上にあるものであり、定義できるものではないとし、自身の存在そのものであると考えた。世の研究者・実務家に見られる共通した態度は、メディアで取り上げられたという成果が、評価のすべてであるというものである。『ＰＲジャーナル』誌では、二つの例が取り上げられた。一つは、多くのクライアントは、**いまだにメディアクリップを数え上げることから得られる「なんとなく好意的な雰囲気」に満足しているというものである。もう一つは、「記憶に頼る」ことである。**プログラムを実施した後で、プログラムについてはまだ議論の余地があることに気づく。それが最良の評価の一つであるとする。

他の評論家は、こうした評価は、実務家が測定できるものだけを行なっていると反論している。上述の欠点は、「なんとなく好意的な雰囲気」、「記憶」、「ユニークで卓越したもの」のうちどれがより効果的であるかを知る方法がないということである。

デービッド・ドージァーの初期の著作（１９８４年）によれば、サンディゴの実務家たちがプログラムの内容とメディア対応を文書で説明するときに量的尺度を使っていたということであった。しかし、プログラムを計画し、その影響を評価するときにはほとんど実証的な調査は行なわれていなかったという。

ドージァーが研究対象とした実務家は、教育的背景からいうと、一般的にＰＲ活動の評価に利用される研究手法について十分な知識を有していなかった。ドージァーは、実務家の大学における教育と評価技術の利用との間には相関関係があることに気づいた。ほとんどの人は、社会科学的な統計技術を知らず、ある調査では43％の人が、平均して3.5年のジャーナリストとしての経験の後に、ＰＲを実践するようになった。こういう人たちは、メディア報道に関する測定を好む傾向がある。この研究を始めたとき、ＰＲの客観的、科学的評価プログラムは、きわめてまれな分析手法であった。**リカートの7点スケール**(*)によると、22％の人が科学的アプローチを全然使わなかったとし、いつも使っていたとしたのは誰もいなかった（**図Ｉ-１**）。中央値2.4とは科学的評価がたまにしか使われていないことを示している。最も一般的に使用されたものは、経験と勘による観察方法であり、中央値は5.0であった。クリップファイル評価方法の4.4がこれに続いている。ドージァーは、評価方法が科学的であればある

***リカート・スケール**　回答選択肢として程度の異なるいくつかの項目を設けて、それらの回答を5、4、3、2、1あるいは2、1、0、−1、などと数量化して分析すること。7点スケールの場合は7、6、5、4、3、2、1などと分析する。

**図-1**｜実務家が利用した評価方法（全米調査より）

| 評価方法 | 7点スケールによる中央値 |
|---|---|
| 非定型的な経験と勘による評価 | 5.0 |
| クリップファイル評価 | 4.4 |
| 科学的評価 | 2.4 |

**図-2**｜実務家が利用した評価方法（国際的調査より）

| 評価方法 | 7点スケールによる中央値 |
|---|---|
| 非定型的な経験と勘による評価 | 4.3 |
| クリップファイル評価 | 4.1 |
| 科学的評価 | 2.9 |

ほど、その使用頻度が少なくなると述べた。

ドージァーが国際的に行なった研究では、米国、カナダ、英国における国際ビジネスコミュニケーター協会（IABC）会員の研究について紹介している（**図1-2**）。最も一般的なアプローチは、経験と勘によるもので、中央値は4.3。次いでクリップファイルが4.1、科学的評価が2.9であった。

ドージァーとグレン・ブルームの初期の長期に及ぶ研究によれば、PR活動の管理者であり、6年以上にわたってその活動を拡大してきた人は、より科学的なアプローチを採用する可能性が高い。一方、決まりきった仕事しかしていない人は、科学的アプローチをとりたがらなかった。

## 実務家の意識

### ◉米国（1980年代後半）

学者以外で評価に関する最も著名なコメンテーターは、ウォルター・リンデンマンである。**1980年代後半に、リンデンマンは、米国のPR実務家を対象として、PRの調査、測定、評価に関する全国的な調査を行なった。**郵送による調査で、53の質問項目があった。945人の調査対象者は、以下の五つのカテゴリーのうちの有力な組織から選ばれた。企業、業界および専門職団体、非営利団体、PRコンサルタント事業者、学会である。調査結果は、次の通り（複数回答可）。

■57・4％の回答者がPRプログラムの結果は測定されうるとし、41・8％がそうでないとした。

■75・9％の回答者は、プログラムの計画の際に必要な事項であるとして、多くのPR専門家に受け入れられているとした。

■94・3％の回答者は、調査は、実施されているというより、いまだ議論の段階にあるとした（54・2％が、これに強く同意した）。

■調査は、計画のために行なわれたのが74・7％、PR活動のモニタリングのために行なわれたのが58・1％、結果の評価のためが55・7％、パブリシティに関する世論調査のために行なわれたのが41・4％、危機管理に関するものが36・4％だった。

**調査や評価に関する支出は、かなりばらつきがある。予算化しているとの回答とそうでないとの回答がほぼ同じであった。**

リンデンマンによると、回答者の89％が調査のための資金手当てを行なったが、その額は、きわめて小さかった。回答者の22・5％は、総PR予算の1％以下であるとした。31・5％が1～3％の間にあるとし、21・3％が4～6％、12・3％が7％以上とした。多くの回答者は、資金不足から、調査を十分に行なえないと不満を述べた。回答者の言葉をそのまま借りると、「**厳密に調査を行なうとすれば費用がかかるし、景気が悪いときには優先順位が低くなる**」というものであった。

**では将来はどうか。54・2％の回答者が評価は重要性を増すと考えた。**50・2％が、PRに関する調査は、より洗練される必要があると認めた。そして、58・5％が、PRの専門家は、調査技術やその応用について教育を受けるべきであるとした。リンデンマンは、10人中9人以上の回答者が、評価の重要性は高まっていくことに、ある程度の賛意を示したと述べた。

**リンデンマンの結論は、PRの分野は、調査や評価テクニックを採用する方向にかなり進んできているが、まだまだ道は遠いというものである。**

リンデンマンの研究によると調査と測定に高い評価が与えられているが、それを過大評価とする回答もある。たとえば、調査は実践よりも議論の段階にあるとするものが94・3％を占め、41・8％の回答者が、PRの結果を厳密に測定しようとする試みは不可能に近いということを認めた。興味深いことに、学者の63・7％がこれに同意し（対象サンプルが18人と少ないが）、対象者が多い企業の役員の49・3％も同じ意見であったことは重要な意味を持つ。

## ◉英国（1992・1996年）

トム・ワトソンによる最初の研究は、英国を拠点とするIPRのメンバー全員を対象として、1992年に行なわれた。調査結果は次の通りである。

■実務家は、評価を狭く見ており、評価の採用を経営者やクライアントに自信を持って勧めていなかった。
■多くの実務家は、メディア報道に関するアウトプット（産出結果）の測定に頼っており、キャンペーンを準備するときに事前調査やテストをほとんど行なっていなかった。
■評価は、時間や予算、評価手法に関する知識に制約があるために実施されていなかった。
■評価は、実務家のアドバイスやその活動論理に対する重大な挑戦となるために敬遠されていた。
■評価には、ほとんどお金が使われておらず、この質問に答えた74・3％の回答者が、PR予算に占める割合は0～5％であるとした。

ワトソンは、評価と計画に関する専門家の判断基準は初歩的なものであるとした。さらにPRの実務に関する考え方は、コミュニケーションの果たす役割そのものに向けられていて、合意された目標を実現することや望ましい結果を創造するための計画には向けられていないように思える、とつけ加えた。

1996年に同様の調査が再び行なわれた。二つの研究の結果を比較すると、実務家は、評価に敬意を払うようになってきているということであった。

4年の間に、実務家の多くが評価システムを作り上げた。体系的なものではなく自らの基準によるものであったが、通常の業務として取り上げられるようになった。

回答者の63・9％は、評価については、クライアントや経営者から敬意を払われるようになってきているとし、67・7％が、彼らが評価結果を受け入れたとした。1996年までに、15％以上の実務家が評価を実施し、そのうちの21・8％が体系的に行ない、39・1％がしばしば実施したとした。

しかし、予算は目立って増えてはいない。1992年に0〜5％と回答した者が74・3％を占めていたが、4年後にそれが80・2％になったのにすぎない。**ワトソンは、「評価を採用するようになってはきているが、支出を増やしているわけではない」とコメントしている。**

回答者の85・1％が、評価を、「非常に重要」か、もしくは「重要」と位置づけており、その重要性は認められている。「重要でない」あるいは「無意味」とした者は、4.5％に過ぎなかった。

### ◉オーストラリア（1994・1999・2003・2004年）

オーストラリアの評価の専門家であるジム・マクナマラは、PRに関して実際に評価が行なわれていることはきわめて少ないと述べた。国際PR協会の世界的調査（1994年）では、オーストラリアのPR専門家の90％が、評価を必要であると考えていた。しかし、評価を狙いとした調査を「頻繁に行なっていた」のはほんの14％であった。オーストラリアのこの割合は、米国や南アフリカ、そして全体の平均よりも少し低い。

マクナマラが行なった1999年の調査結果では、メディアでの露出を測ることに重きが置かれたものの、客観的な調査手法はとられていなかった。彼の調査では、PRコンサルタント50人のうち3人しかメディア報道を評価するための客観的手法を知らなかった。ただし、**回答者の70%は、メディア報道の質的評価をしたと主張していた。**

**どのような評価方法を採用しているかの質問について、コンサルタントは、「ジャーナリストとの意見交換」、「寄せられた問い合わせの数」、「販売高や株価の動向」、「イベントの参加者数」などをあげた。**

調査手法は、主観的なものであり、専門家の判断、クライアントの感覚あるいは一般的な反応といった形でさまざまに表現された。「これらの多くは、客観的なものではなく、評価のための調査手法は信頼できるものではなかった。形式的には、合理的と思われるものでさえ、科学的な手法にはほど遠いものであった」。

2003年にマーサ・コンサルティングは、コミュニケーションの効果に関する評価は、その場しのぎかまったく行なわれていない、とオーストラリアの回答者の50%は答えたと報告した。

オーストラリアにおけるPR実務家の評価の実務や考え方についての調査が、オーストラリアPR協会のメンバーを対象にトム・ワトソンと、ピーター・シモンズによって2004年に行なわれた。それによると報道対応を重視した分析手法がとられていた。

PRにおけるコミュニケーションを計画し、モニターし、評価するために使われる評価方法としては、メディアにどの程度取り上げられたか、どのように紹介されたかを分析することが支配的であった。専門家の89％がたいていの場合コミュニケーションの量を測定していると報告したが、32％の人は、結果としての行動の変化を測定しているとした。

オーストラリアの実務家は、**コストは、評価に対するあまり大きな障害ではなく、問題は、時間や知識の不足である**ことを示唆した。調査技術と自信の欠如、結果を出すことへの切望、政策決定者のPRに関する誤解に対するフラストレーションなどが多くの実務家にとって、評価を行なう際の苦痛の種となっている。

## ◉米国（シルバー・アンビル研究）

ブリスランドが米国PR協会（PRSA）が毎年開催しているシルバー・アンビル・ケーススタディ・コンテスト(*)の応募論文を分析したところ、評価に関する考え方が少しずつ変化しているということであった。1980年代末に過去10年にわたってすべてのシルバー・アンビル受賞者について調査したところ、**評価方法に三つのグループがあることを見つけた。コミュニケーションのアウトプット（産出結果）の測定、中間的効果の測定、達成度の測定などである。彼は、それぞれのグループをさらにサブグループに分類した。**

***シルバー・アンビル賞**　優れたPRキャンペーンが表彰される権威ある賞。第1回開催は1946年。

**12のサブグループのうち、強く好まれたものが二つあり、「メディア報道」と「目標達成度の推定」である。「メディアからの接触」や「財務的尺度」はあまり使われていなかった。好まれたサブグループは、ドージァーのいう「経験と勘」による評価の範疇に入る。**

評価については、なすべきことが数多く残されている。行動科学的方法論の厳密性が、依然、抜け落ちている。最近のシルバー・アンビル受賞者においても半分以上がそうした状況にある。ほとんどの受賞者が、状況的な証拠からのみ組織の目標を達成したと主張したものの、半分以上が、行動科学的手法でそうした主張を実証する手間を取ってはいなかった。

## ◉ドイツ(バーンズ調査)

ヨーロッパにおける評価の研究は、主にドイツで行なわれてきた。バーバラ・バーンズは、ドイツPR協会(DPRG)の会員である216人の管理職に対して調査を行なった(回答率69％)。

その結果、**「西ドイツの管理職の立場にあるPR実務家は、PRに関する分析的作業は重要であると見なしている。しかしながら、ほぼすべての管理職は、行なったことをめったに分析も管理もしていなかった。やっていたとしても、報道分析だけである。社会科学的方法がどれだけ役立つか、PRの専門家は自信を持っていないし、結局のところ必要とされていない**」とした。

バーンズは、管理職の立場にある者にPR活動の三つの側面(計画、分析、管理)について質問し、併せて、米国でコミュニケーションマネジャーやコミュニケーションテクニシャンと呼ばれるものを彼らが満たしているかどうかを聞いた。

彼女の調査によれば、回答者の55％は、「長期的なＰＲ計画が不可欠」と見なした。一方、39％は、「日常的な活動に重きを置いている」とした。

少数ではあるが、７％の回答者が「ＰＲ活動に計画性を持たせることはできない」とした。バーンズは、どのようなやり方で計画が行なわれているかを探り、報告されているような計画に対する考え方と実際に行なわれていることとの間には大きなギャップがあることを発見した。データの分析により実務家の主張とその通常の行動との間のギャップを理解できる（**図Ｉ–３**）。

彼女の結論は、大多数は、ＰＲに関する計画は不可欠であると考えているが、ほとんどは実行していない、というものであった。分析と管理に関して、バーンズは、管理職の88％がこれを「重要」と見なし、残りの12％が「相対的に重要ではない」としていることを発見した。しかし、回答者の半分以上が、自分たちの活動を定期的に分析していないか、まったく行なっていない。

バーンズによれば、回答者の63％が科学的分析はＰＲ実務においてはあまり重要ではないと考えていた。彼女は、評価やモニタリングが行なわれたとすれば、それはほとんど報道分析であったと結論づけた。

三番目の質問としてバーンズは、管理職が、専門職としての同僚をどう位置づけているのかを聞い

**図-3** | 実務家の実際の行動

| | |
|---|---|
| PRに関する計画を段階的に実行できた | 49% |
| 計画とその実施段階との間に明確な区別をしなかった | 14% |
| PRの目標を掲げた | 14% |
| その他 | 6% |
| 無回答 | 17% |

**図-4** | 評価における障害

| 障害 | 順位 |
|---|---|
| 時間の不足 | 1 |
| 能力のある人員の不足 | 2 |
| 資金および予算の不足 | 3 |
| 結果の有用性に関する疑問 | 4 |
| 評価方法に関する知識の不足 | 5 |
| 科学的方法に対する嫌悪 | 6 |

た。たとえば、「コミュニケーションの管理職」なのかそれとも単なる「コミュニケーション技術者」なのかを聞いた。バーンズの言葉を借りれば、88%が同僚を「実践者」あるいは「コミュニケーション技術者」と見ている。しかし、自身については、そうではないと考えている。1992年に行なわれたドイツの研究では、実務家がなぜ自分の仕事において評価を行なわないかを聞いている（**図Ⅰ-4**）。

## PRに対する経営者の信頼

PRを職業とする者は、組織のなかで、技術的なことではなく、戦略的なことを担当することを望んでいる。すなわち書類の作成、イベント、情報の配信といった事柄ではなく、経営判断に関わりたいと考えている。PRの実務家は、PRが多くの組織において脇に追いやられており、経営者は、コミュニケーションの価値を十分に認識していないと、常に不満を示すことで有名である。

ジム・マクナマラは、PRが経営者の信頼を得られていない理由として2点を強調した。第一に、コミュニケーションの結果や効果を評価し、報告しないこと。第二に、組織でよく使われる言葉を使って説明しないこと、たとえば、MBO(*)、TQM(*)、QA(*)、ベンチマーク(*)といった経営用語を使っていないことであるとした。彼によれば、こうしたことが、戦略的意思決定にPRの担当者が参加できない理由である。

*MBO　目標管理制度。
*TQM (Total Quality Management)　総合的品質管理。

*QA（Quality Assurance）　品質が信頼できることを保証する業務。
*ベンチマーク　比較のために用いる指標。



２０００年にスタイナーとブラックがオーストラリアの上級管理職に対して行なった別の調査もある。それによると経営者は、組織の戦略的計画に関するＰＲの役割についてあまり期待しておらず、アドバイスを求めるというよりも単に情報を一般に周知させることを期待している。

２００１年に行なわれたイギリスのマーケティング担当役員に関する研究によると、ＰＲの評価に満足していたのは28％にすぎなかった。一方、広告については67％が、販売促進については、68％が満足を示していた。

ほとんどの実務家は、社会科学的な調査技術の教育を受けていない。そのため評価を行なわず、実務的な事柄に集中する。したがって、経営的立場に立つことはなく、意思決定にも参加できないことになる。すなわち、計画や評価に関する予算の議論に参加できないために、自らの立場を強化しうるプログラムやキャンペーンを実行できないことになり、その結果、クライアントや経営者の目的を満たすことができないという悪循環に陥っている。

実務型のＰＲから抜け出すためには、より進んだ教育を受けたPR担当者の世代が現れるのを待たなければならない。もちろん、従来型の実務担当者は、プログラムやキャンペーンを戦術的に運営し、実行するために常に必要とされるものである。メディア対応や広報誌作成などという面では特にそうである。

さらに、もし評価モデルが簡単に操作できるものなら、実務担当者も評価に参加できる。彼らは、戦略に必要となるたくさんの資料を作成しており、評価プロセスに実務担当者が加わり、それを支援することは意味のあることである。

金と時間は、常に足りない。しかし頻繁に評価を行なえる容易なモデルがあれば、予算の獲得に有利となろう。

PRによるコミュニケーションの効果がはっきりしていないと、それに投資する決定は、効果があると信じることによって行なうしかなくなる。意思決定者は、一般的に、推量や信念に基づく仕事を避け、測定のための尺度や前例があるかどうかを気にする。したがって、意思決定者に対して説明責任を果たさないと、PRによるコミュニケーションに対する投資は、おぼつかないことになる。

『PRの評価キット』の著者である英国のマイケル・フェアチャイルドは、2002年に、PRに関する調査や評価業務を強化する必要性は、近年より緊急性を持つようになってきているとした。予算に対する縮小圧力により英国のPRに対する予算は削減されてきており、これは、PRが絶対に必要なサービスとは見なされていないことを示している。彼はまた、PRの中核的事業に対する競争が激しくなってきていると論じた。経営コンサルタント、法律および会計サービスといった事業が統合されてきており、その結果、コンサルタントが、危機管理、コミュニケーション、レピュテーションといった複数の分野に進出してきている。フェアチャイルドは、「経営者の敬意を得られなければ、PRは戦略的役割というより宣伝・広告の役割を負うことになる。というのも組織というものは、規則あるいは慣行により業績に関係のない報告業務が絶え間なく増え続けていることに対応しなければならないからである」と指摘している。

### ❖インタビュー

デービッド・ギャラハーは、「PRの評価は、主にマーケティングに関連して議論されており、広告モデルが使われている。少なくとも理論的には、マーケティング理論の一つとしてのPRにROIの考え方を組み込んだモデルを開発することはできる。しかし、それはPRに関する狭い見方であり、利用者に期待されるほどの効果をもたらす評価システムにはつながらない」としている。

ギャラハーは、「理論的には、評価をキャンペーンやプログラムの進行過程でなんらかの調整を行なう尺度として、あるいはそれが終わった段階で、その効果を評価するものとして考えられるならばすばらしいことである。しかし、現在、評価プログラムは、投資から得られうる収益を予測できる尺度として考えられている」とも語る。

しかし、ギャラハーは、ほとんどの評価システムについて懐疑的であり、せいぜいマーケティング予算を剥ぎ取ることぐらいしかできないと考えている。彼は、理論は結構だが、高い相関性のあるデータを得るためには、前段階での調査と最終的な評価の双方に相当お金がかかる可能性があると認識している。「PR予算は相対的に少なく、プログラムの開始時と終了時に測定のための投資をしなければならないとすると、場合によってはプログラム自体の予算を削ってしまうことになる」。

ルース・イヤリーは、「企業が直面しているビジネス上の機会や問題を理解し、PRに何ができるかを考えなさい。特定のPRの目標を設定するにしても、過剰な期待を持たせてはいけない。PRの目標がコミュニケーションであり、ビジネスの目的である利益をあげることではないことを明確にしなさい。後者についても理解を示す必要があるが、自分の才能を超えた約束をしてはいけない」と言う。一方でギャラハーは、PRとビジネス目的をリンクさせる重要性を強調する観点から「関連性を持たせることができないなら、なぜ評価を行なうのか疑問に思うべきである。私は、PRの目標とビジネスの目標とのリンクが弱いことに時に驚かされる」。

ギャラハーとイヤリーの両者は、PR機能や特定のPRプログラムの価値を評価することについて、もう少し寛大に考えるべきと強く主張している。ギャラハーは、余談として、組織内の他の専門的機能は、同様なタイプの検証を受けないとし、「私は、法務部がROIに基づいて、活動を正当化するよう求められたと聞いたことがない」と指摘している。

### ❖PR実務家への質問

**質問：クライアントや経営者にPRプログラムに評価を含めることをどのように勧めたか？**

●彼らが期待しているのは、投資に対してのリターンである。評価や調査に関する決定も、他のビジネス上の決定と同じである。（デジャン・ベルシック）

●調査は投資であり、経費ではないことを明確にすること。すなわち、基本は、コミュニケーション活動を先導するための調査や知識の獲得を将来に向けて確実にすることである。プログラムは、推量や直感の代わりに、信頼できかつ偏らない情報に基づいて進められるべきである。（トム・オドノヒュー）

●彼らは評価を望み、行なっているように見えるが、そうではない。注意も払わず、時間とお金を使うことを望んでいないのだ。われわれは、プログラムが調整を必要としているのか、あるいは今のままで継続すべきかどうか決定するときに、評価を測定ツールではなく、診断ツールとして組み込むよう奨励している。（マット・クチャルスキー）

●すべてのスタッフは、キャンペーンを評価することを奨励されている。彼らは、キャンペーンを管理し、記録をつけ、キャンペーンの目的とターゲット市場を理解する。記録をつけることにより、必要なときに参照できる良い情報源を得られる。入手した情報と評価から学んだ経験は、将来のキャンペーンを管理し、成功に導く重要なツールとなる。（アダム・コノリー）

●われわれは、キャンペーン前後の意識調査を好む。（ジョン・ブリス）

# 第4章

# 調査とPR評価

Gathering and interpreting information——情報の収集と分析

## 市場調査の重要性

カトリップとセンター、そしてブルームは、2000年にこう言っている。「調査により、すべての疑問に答えることはできないし、すべての決定に影響を与えることもできないが、方法論的、体系的調査は、効果的なPRの基盤である」。彼らは、調査がなければ、PRの実務家は、状況を理解し解決策を提供できると主張することまでしかできないとする。一方、収集したデータの分析に基づく調査があれば、証拠に裏打ちされた提案を行なえるとした。調査は、科学的なものであり、頑迷さ、権威、直感といったものに代わるものである。カトリップたちは、「**資源や時間の不足がしばしば調査をしないことの理由とされるが、結局のところ実務家が調査手法の理解を欠いていること、および経営者が調査を必要でないと見ていることに尽きる**」と言っている。

2004年のIPR（英国PR協会）／CDF（コミュニケーション・ディレクターズ・フォーラム）研究で、評価をサポートする市場調査の重要性が確認されている。この議論の重要なテーマは、広告やマーケティングなど他のコミュニケーション活動と比較する場合に必要となる留意点に触れていることであり、PRの効果は、それらとは明確に区別される。

■**市場調査を繰り返し行なう。少なくとも年1回は、PRによるメッセージがどれだけ理解され、どれだけPRキャンペーンが記憶されているかを追跡する。**その際、広告および他のコミュニケーション活動によるメッセージ効果とを区別しなければならない。

■**顧客および見込み顧客に競争相手のベンチマークに関する認識を繰り返し、少なくとも年1回は聞く。**その際、必要な場合には広告および他のコミュニケーション効果と区別することに留意すること。同じく従業員の認識や知識についても定期的に聞くようにする。

■**PRプログラムの対象とした人の範囲や接触頻度をメディアに関する評価手法を使って測るようにする。**このような情報は、広告に関する類似データや対象者1000人当たりのコストといったものと直接比較できる。

■**特定のPR活動の前後に意識の変化を測る市場調査を行なう。**結果が、PRによるものか、たとえば、広告やマーケティングといった他のコミュニケーション活動によるものかが区別されなければならない。

■**電話相談窓口への電話回数やEメールを使って、特定のPR活動に対する反応を測る。**そうした反応を、PRの効果を測定するためにベンチマークとした販売高や他のデータと比較する。

■**PRによる販売増を評価し、比較するために、マーケティングの手法を用いたモデルを使う。**

重要なことは、調査は、必ずしも広範でお金がかかり、かつ高度に技術的なものであると考える必要がないということである。**「フォーカスグループ**(*)**から得られた示唆に富む意見は、大規模な世論調査から得られた結果と同様に多くのことを語るものである」**。

ＩＰＲ（英国ＰＲ協会）は、長い間、調査は、ＰＲの計画および実施に不可欠な部分であるとしてきた。ＰＲコンサルタント協会との共同作業で、現在、３版目にあたる『評価ツールキット（ＩＰＲツールキット２００３）』の出版を通じて、ＰＲＥ（計画=plannig、調査=research、評価=evaluatiom）の概念の普及に努めている。ＰＲＥのプロセスには、次の五つの段階がある。

1. **情報の収集**：ＰＲ活動の基盤を構築するために、情報を集め、データとしてインプットする。
2. **目標の設定**：ＰＲの目標をクライアントの目標と一致させる。
3. **戦略と計画**：どのような、そしてどの程度の調査を行なうかを決定する。
4. **中間時点での測定**：どのように実行しているか、知りえたものが何かを測る。
5. **結果と評価**：成果を数量化する。

ＰＲの範囲は、メディアに宣伝してもらうことから、危機管理、企業のレピュテーションへと広がってきており、調査は、ＰＲプログラムの計画、実行、測定においてますます重要な役割を果たすこ

**＊フォーカスグループ**　集団討議の方法を活用し定性情報の収集を目的とするマーケティング・リサーチの手段であり、企業などが，新製品や広告に関する市場調査を行なうために、ターゲットとなる市場から抽出する10名ほどの消費者のグループをいう。司会者が特定の話題や製品について参加者の意見を引き出しな(へ)

となろう。

ＰＲにおける調査と戦略的な視点とは、密接に関係している。ＰＲに関するほとんどの教科書は、戦略的なＰＲ計画と実践の必要性を指摘しており、将来、かなりの部分を調査手法に割くことになろう。ＰＲ戦略の背後にある考え方は、次のようなものである。

■問題を分析する
■目標を設定する
■創造的なテーマを構築する
■ターゲットを分類する
■組織の位置づけを行なう
■結果を評価する

この要素をざっと見ても、調査とＰＲ戦略を開発することの間の関連性を確認できる。問題の分析には広範なデータの収集が必要となる。同様に、たとえば良いアイディアであったとしてもぼんやりとしたものであれば、さらに情報が必要となる。組織、市場、環境、競争相手、製品、サービスなどさまざまな情報が必要となる。米国のプランニングの専門家であるスミスは、戦略的計画の４段階を

(↙)から討議を進行する。マーケティング戦略や広告戦略の立案に利用される。グループインタビューともいう。

概説する際に、戦略と調査との間の連携を強調している。彼によると、第1段階で定型的な調査を行ない、第4段階で評価のための調査を行なうことになる。

**われわれは、ＰＲに関する評価については、プログラムの最終段階で、効果を測定するために行なう調査というより、より広い見方をしている。そして評価に「フォーマティブ・リサーチ(*)」を加え、調査の最終調査段階を表現するために「サマティブ・リサーチ(*)」という用語を使っている。**

われわれは、ＰＲ活動の最終結果を分析するためにアウトプット、アウトテーク（中間的成果）、アウトカム（成果）の三つの概念を用いている（第5章参照）。アウトプットの測定は、比較的単純である。通常、計算し、追跡し、観察することである。対照的に、アウトテーク（中間的成果）、アウトカム（成果）については、質問し、広範な検討を行ない、何が言われ、何が行なわれたかを分析する。後者については、調査技術の利用が必要であり、評価のためにどの程度調査活動を行なうべきかを決定しなければならない。

## 調査の範囲

評価の役割は、過去の活動について結論を出すだけではない。ＰＲプログラムの効果を改善するために次の点を強調したい。すなわち過去の活動に関する情報は、将来のＰＲ活動に活用され、フォー

***フォーマティブ・リサーチ(formative research)**　プログラムの進行中に、その価値を評価する方法。

***サマティブ・リサーチ(summative research)**　プログラムが終わった段階で、その価値を評価する方法。ある専門家は、「コックがスープの味見をする（↖）

マティブあるいはサマティブな評価両方を行なうために使われるということである。

専門的能力を有する実務家は、技術的手法と同様に知識を活動の基礎としている。彼らは、PRを組織の戦略的レベルで活用することを考えている。一般の人びととの関係をうまく構築することは組織の成功の重要な鍵になるからである。これは、PRの評価と調査において、アウトテーク（中間的成果）、アウトカム（成果）を重視することである。

現在、PRにおける評価の推進力となっている考え方は、社会科学的方法がPRにも応用できるというものである。**ブルームとドージァーは、1990年に調査とPRに関する現代的な考え方の基礎を築いた。PRプログラムの管理に関する調査という観点から、五つの主要な手法があるとした。PRの担当者が直感や芸術的感覚に基づいて活動する非調査的な方法、非定型的な方法、メディアを対象とするイベントによる方法、評価そのものを重視する方法、そして科学的な管理方法の五つである。**

メディアを対象としたイベントによる方法とは、目に見えるものを重視する研究で、内部的には厳密に検討されるものの、科学的で知見を追求する姿勢で行なわれているとはいえない。ニュースに値するもの、注意を引く情報を作り出すことに使われている。評価そのものを重視する方法は、調査を影響度の測定にとどめるものであり、計画的ツールとは別のものである。

これに関して、たとえば、マッコイとハーギーは、PRの評価は、産出結果の測定にのみ焦点が当てられており、主観的で、その場しのぎのという傾向があると論じている。「評価には、PRに関し

（↙）のが、フォーマティブで、客がスープを味わうのがサマティブ」と表現している。また、ある専門家は、フォーマティブ調査とは、プログラムの実施前にさまざまな人から意見を聞く、試行的調査と位置づけている。

て一般的に採用されているサマティブな量的結果の評価というより、フォーマティブなものや組織をめぐる環境モニタリングを含めるべきである」。メディア報道は、しばしばPR活動の産出結果と表現されるけれども、PRキャンペーンが有する影響度を検証することを目的としたサマティブな方法というよりも、むしろPRの過程に焦点を当てていることから、フォーマティブな方法ともいえる。

**1984年のドージァーの初期の研究では、科学的な知識がPRに採用されたかどうか調べ、評価に関して主に三つの手法が採られていることを明らかにした。**経験と勘による評価は、主観的、直感的な方法で、キャンペーンの量的結果を判断するために実務家による観察という手軽な手法を採用している。これは成果よりもむしろプロセスに重点を置くものである。それゆえPRプログラムの管理者に、調査とは異なる直感的な分析を提示することになる。

情報の配信に関する科学的な評価は、いかに情報を知らせるかを重視している。情報を広い範囲に周知させればさせるほど影響度が大きくなるということを前提にしている。新聞や放送における露出度、利用したメディアの発行部数とか読者の特性、取り上げられた内容の分析といったものに関して、数字的な分析を行なうものである。メディア評価（報道分析）がこの範疇に入るのは言うまでもない。

影響度に関する科学的な評価は、PRキャンペーンの影響度を判断するために、主にデータ収集に関し数量的、社会科学的手法を利用するものである。実験あるいはそれに似た調査に頼ることになるが、調査の設計のために新しいPRプログラムが実施される前後にいくつかの尺度を選ぶ。そして、この設計に基づいて、プログラムが予想した変化をもたらしたかどうかを判断するのである。

**ブルームとドージァーは、PRの評価に関してしばしば3段階分析を提唱した。すなわちプログラムを計画し、モニターし、評価するために調査を行なうというものである**（第5章参照）。

最初の段階であるプログラムの計画というのは、状況分析を行なうというものであり、PRに関する「問題」を効果的に分析するためのものである。ここで、「問題」というのは、現在の状況と組織が理想的と考える状況との間のミスマッチに関するものであり、PRプログラムは、この乖離を埋めるために行なわれる。ここで重要なことは、「問題」の内容を確認するために、最初に定型・非定型、量的・質的分析を行ない、次いで、それを理解し、説明するという循環的方法をとることである。たとえば次のようなやり方である。

「近い将来人員過剰になるという噂があり、スタッフはそれを心配している、ということを誰かが言ったとしよう。まず上級管理職が噂は完全に根拠のないものであることを確認し、社員食堂でのオピニオンリーダーたちとの雑談のなかで、確かにそうした噂が広まっており、たくさんの従業員が心配していることを確認する。次いで、そうした心配がどの程度広まっているかをチェックするために、従業員の体系的なサンプル調査を行なう。さらに9人をランダムに選び、なぜレイオフが差し迫っていると考えているのか、最初に噂がどのように始まったかに関して彼らの感触を得る」。

**プログラムを展開している段階では、その効果などをモニターするために調査を行なう。的を射な**

**い活動に資源を浪費することを避けるという意味では必要なことである。**重要なことは、これはプロセスの検証結果であり、最終的な影響度を測るものではないということである。プロセスが良ければ、良い結果をもたらしうるということにあるが、必ずしも、良いプロセスは、プログラムの成功を保証するとはいえない（第5章の代替ゲームを参照）。

**PRプログラムの影響度の評価に移るときに、プログラムの目標に掲げられた成果が検証されなければならない。ブルームとドージァーは、プログラムの成果を三つのグループに分類している。「一般の人びとの知識の変化またはその持続性（すなわち認識と理解）」「傾向および性癖（すなわち意見と態度）」そして「行動」の三つである。**これらについては、直接的な測定尺度、すなわち定型的な調査技術を使う必要があるが、場合によっては、販売に関するアンケート調査あるいは販売高といった、より容易に利用できるデータも使える。

PRを実施、管理していくうえで重要なことは、PRプログラムやキャンペーンの計画性である。PR計画のモデルに共通したテーマは、現状を分析するための調査から始まるということである。立ち上げ時点で、目的や目標に到達するための正しい戦略が認識されていなければならない。

# 調査の方法

**1996年にバクスター、ヒュー、タイトは、3段階に分けることで、調査をシンプルに、明確化している。調査種類、調査手法、テクニックである**（**図－5**）。

調査種類において、量的調査は数に関するものであり、質的調査は言葉に関するものである。量的調査は「何が起こっているのか」に答え、質的調査は「なぜそれが起こっているのか」に答える。この二つの調査は、調査手法に関するものではなく、異なる調査によって得られたデータをどう評価するかの問題である。

一般的に、量的なデータを収集するためにはアンケート調査が利用される。質的なデータは、通常、インタビューにより得られる。しかし、これらには、はっきりとした境界があるわけではなく、ごちゃ混ぜに使われることが多い。英国の研究者であるデンスコウムは、2003年に量的なものと質的なものをうまく区別し、定義している（**図－6**）。

## ◉デスク調査

**デスク調査は、すでに存在する情報を掘り起こすものである。**内部の記録（顧客が何をどのように

**図-5**｜調査に関する種類、手法、テクニック

| | |
|---|---|
| 調査種類 | ・量的なものまたは質的なもの |
| | ・デスク調査またはフイールド調査 |
| 調査手法 | ・行動調査（アクションリサーチ） |
| | ・ケーススタディ |
| | ・実験 |
| | ・サーベイ（情報の検索と収集） |
| 調査テクニック | ・文書 |
| | ・インタビュー |
| | ・観察 |
| | ・アンケート |

**図-6**｜量的調査と質的調査

量的調査は以下の事柄と関係している。

・分析の単位としての数
・分析
・大規模な調査
・特別な調査
・調査員の分離
・あらかじめ決定された調査設計

質的調査は以下の事柄と関係している。

・分析の単位としての言葉
・表現
・小規模調査
・概観
・調査員の関与
・新たな調査設計

買ったか、その特性がわかる）や公開された情報を利用できる。これは二次的データであり、基本データとは区別される。基本データとはフィールドワーク（インタビューやアンケート調査など）によって直接得られた一次的データである。デスク調査の主な特徴は、容易に実行でき、コストも安いということである。通常は、興味深いことを発見できるが、時には実りのないものとなる。デスク調査の質は、情報の利用の可能性や新しさ、それを整理する時間の問題などに左右される。

## ◉実践調査（アクションリサーチ(*)）

実践調査の概念については社会科学者の間でもさまざまな議論がある。これについては、２段階の調査を避けるという明確な特徴がある。調査の専門家が事実を拾い出すというのが第一の段階で、それを違う実務家のグループが慎重に検討し、熟慮したあとで、行動を起こすというのが第二の段階である。ＰＲに関する実践調査は、調査戦略というよりむしろ、より計画的で管理的なものであり、より厳密な調査の考え方を必要とする。実務家の調査は、たとえそれが調査の専門家によって行なわれるにしても、実践調査に限定される。これは、実行中の実務を自ら体系的に見直すことを通じて行なわれる。

実践調査が議論される場合は常に、ＰＲ実務との類似性が気味悪いほど強調される。たとえば、バクスター、ヒュー、タイトは、実践調査を次のように述べている。

**＊アクションリサーチ**　組織の業績を改善するために設計されるもので、実務家が研究者の助力を得て自らの実務を改善するためにデータを分析するものである。たとえば、ある集団の行動を観察・分析し、それを実務にフィードバックする。フィードバックを通して、調査の対象となった集団が抱える問題の具体的改善・(↙)

図-7 | 実践調査の循環的性質

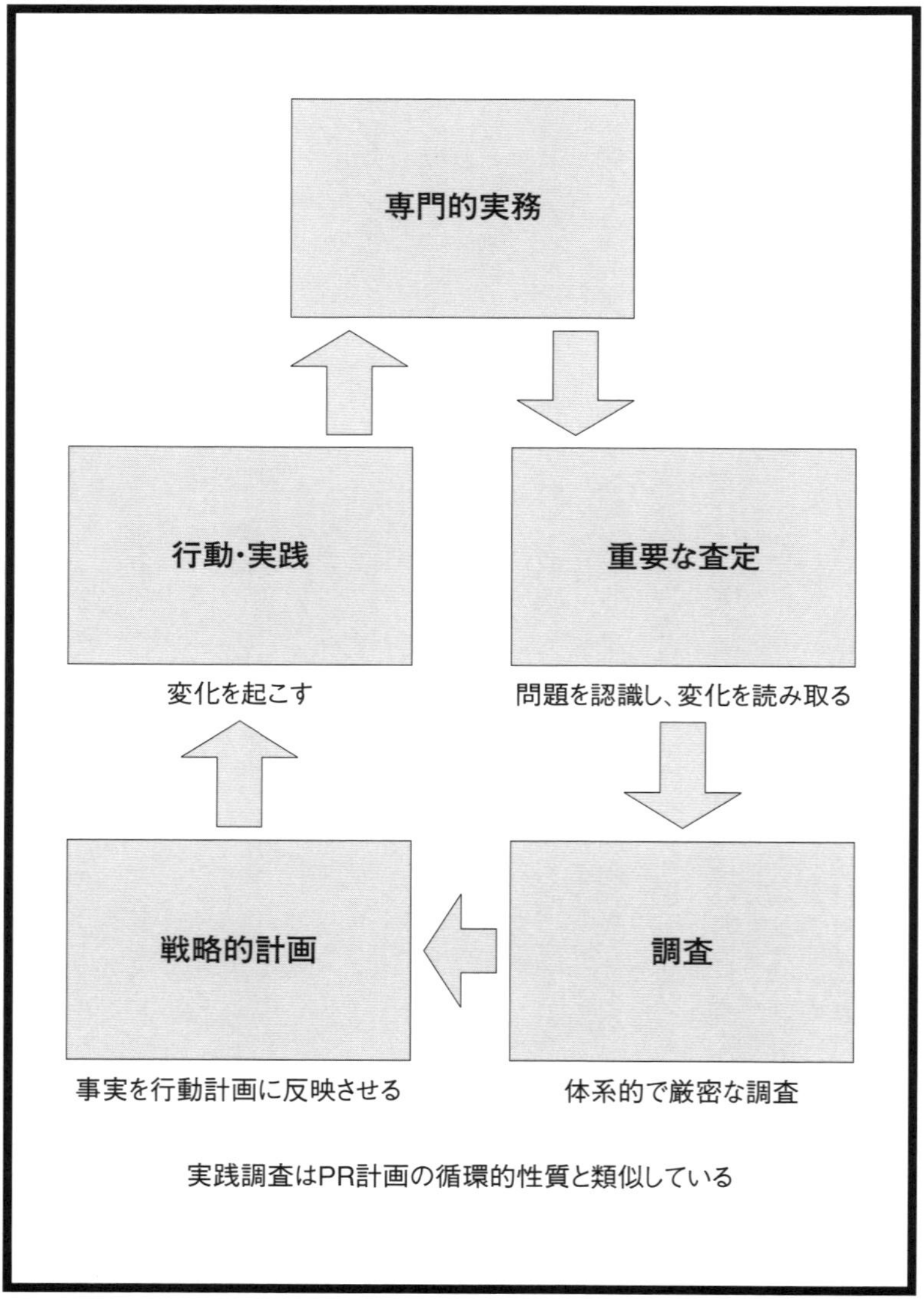


(↙)解決を図ることを目的とする。理論と実践の相互フィードバックを中心概念とするもので、マサチューセッツ工科大学のレビン教授が1946年に提唱した。

「実践調査は、職場で調査を行なう人の要請、そして同僚や自身の実務の改善に力を入れている人びとの要請にぴったり沿うものである。そして、調査のプロセスとその内容を密接に関連づけるよう設計される。実務上の目的を意識し、変化を導く調査という考え方を基礎にしている。さらに、実践調査は、調査プロセスは何度も繰り返される循環的な活動であるという考え方とぴったり合うものである」。

**ＰＲ実務と実践調査は3点において類似している。第一に、実務の改善に焦点を当てることは、フォーマティブな評価の背後にある考え方とリンクしている。第二に、ＰＲは、変化を管理することと関係している。第三に、ＰＲの計画プロセスは、必ず循環的なものであり、実践調査も同様に循環的なものであることである。**

### ◉ケーススタディ

**ケーススタディは、広範囲に調べることではなく、深く調べることである。**ケーススタディは、特定の事件、関係、経験、また、それらがどのように生まれたかのプロセスを詳細に説明するという観点から、一つまたは少数の特定の現象例に焦点を当てるものである。

ディモンとホロウェイは、２００２年に、ＰＲおよび対市場コミュニケーション（マーケティング・

コミュニケーション）(*)という観点から、質的な調査手法の役割について検証した。ケーススタディは、その目的からして事例に焦点を当てるものであり、その点では明確な役割を有すると指摘している。

「ケーススタディは、時間と場所に関して特定できるある組織に関するたくさんの量的質的証拠を集めることによる検証作業である。通常は、場所と関連づけられる。『ケース』とは、組織、特定の人びとから構成されるチーム、コミュニティ、事件、キャンペーンなどである」。

多くのＰＲおよびマルコム(*)の担当者は、量的調査（情報の検索と収集）を好む。ＰＲコンサルタントや広告代理店は、「ケーススタディ」は、すばらしい実務や表彰されたキャンペーンを集めたもので、宣伝目的や新事業を始めるとき利用されるものとしている。

スタックスは、ケーススタディは、良い実務として、ＰＲにおいて非常に貴重なものと見なされているけれども、ＰＲがそれを調査手法として採用することは遅かったと指摘している。「ケーススタディにより、事例について非常に詳細で完全な理解が得られる。ケーススタディは、経営、法律、広告、医療、ＰＲにいたる幅広い学問において応用できる分野として認識されている。良い実務と悪い実務を見分けるのに役立つ。また、理論、とりわけ特別な状況に適用される理論を理解するうえでも役立つ」。そこで、スタックスは、ケーススタディと根拠となる理論を結びつけている。

**＊マルコム（marcomms＝マーケティング・コミュニケーション）** マーケティング・コミュニケーションとは、市場との対話のために利用されるメッセージや媒体から構成されるものをいう。またこうした手段を通じて、ステークホルダーに組織の行動や考え方を理解してもらうことを指す。広告、ブランディング、マーケティング、（↖）

ディモンとホロウェイは、根拠となる理論は、既存の理論や仮説といったものではなく、調査から得られるデータそのものであると主張する。

「根拠となる理論の研究は、物事がどのように起こるかについての基本的な洞察力を与えてくれる。特別な広告キャンペーンがどのように行なわれるのか、内部の変更が時間の経過とともにどのように伝えられるのか、インターネットによるマイナス情報の交換が会社の評判にどのように影響するのか、といったことがその例である。根拠となる理論は、新しいアプローチが必要となる場合に役に立つ。どのような研究にも応用できるけれども、調査の目的が消費者または従業員を対象にした理論や概念構成を見出すことである場合に最も適している」。

## ◉実験

ＰＲに対して実験の概念を適用しても、通常実験と聞いてイメージするような「無味乾燥な実験室で白衣を着て試験管を振り回している人」を動かすというわけにはいかない、というのが常識である。ＰＲにおける実験的方法は、フィールド調査と考えるのが妥当である。たとえば、計画的なキャンペーンに関するメッセージを発信する前に、一部の人びとに同様のメッセージをテスト的に発信することである。

(✓)宣伝などに従事する人をマルコム・マネジャーと呼ぶ。

真の実験とは、実験に関するすべての変数を管理することにあるが、実験室から外に出て、実験が行なわれる場合にはかなり難しい。したがって、実際には実験に類似したものということになる。しかし、調査担当者は、状況を自分の好きなようにコントロールできないので、イベントを自然に発生するもののように見て観察しなければならない。

## ◉サーベイ(調査、情報の検索と収集)

**フィールド調査は、二次的情報を使い尽くしたときにだけ行なう。**そうでないとすでに知っていることを見つけ出すことに時間と金を無駄遣いすることになろう。とはいえ、残念なことにデスク調査が常に必要なすべての情報を提供できると限らない。したがって、基本調査すなわちフィールド調査が必要となる。これは、時間と金に関連して、かなりの技術的能力と資源を要する難しい分野である。

しかしながら、実際には、きわめて限定的な調査でも知識の豊富な人びとから驚くべき量の情報が得られる。ランダムに選んだ6人にどのメーカーの車を運転しているか質問することで、英国におけるフォードの市場占有率を割り出すことはできない。しかし、体系的ではないにしても、影響力のあるオピニオンリーダーから得られた示唆に富む回答であれば無視することはできない。

## ◉インタビュー

### フィールド調査を行なうときの主要なテクニックの一つは、電話や対面式のインタビューである。

インタビューには、質問に対して順を追って回答されなければならないような高度に体系化されたものがある。一方、まったく体系化されておらず、テーマを深く追求する観点から、実際のところは回答者が望む方向に議論を展開させる方法もある。インタビューが体系化されていない場合には、インタビューの解釈に調査員の技量がより要求されることになる。

対面インタビューをたくさん行なうことは、時間と金の関係から実際的ではない。しかし、たとえ少数でも複雑でかつ詳細な質問を要する、貴重な情報を有する人がいる場合には、このアプローチも適切なものとなろう。

対面インタビューの利点は、回答を拒否される割合が低いことにある。また、たとえば郵便による質問では誤った回答になる場合があり、電話ではすべての対象者と連絡が取れて話をすることが難しいが、対面インタビューは、回答者とインタビュアーとの間に友好的な個人的関係が築かれることから、調査に関連した疑念が解消されるほか、質問を広範に行なうことが可能となる。バーネノース大学のケビン・モロニー博士は、インタビューを行なう際に、経験から得られた以下のような方法を開発した。

## インタビューを行なう前にすべきこと

■質的調査を実施していることを認識する。
■インタビューの対象者をどのように選定したか、説明できるようにする。
■いくつものサブ項目に分類できる基本となる調査質問を設定する。

## インタビュー中にすべきこと

■きちんと体系に基づいて質問する。回答の流れを妨げてはいけない。
■インタビューの最後には、調査テーマに関する質問をすべて聞いたかどうか確かめる。
■インタビューを録音テープで記録する。
■重要な発言以外の記録を取ってはいけない。
■回答者のゼスチャー、繰り返し、省略に注意をする。
■誘導的な質問をしてはいけない。
■回答者が過剰に自己批判的にならないようにする。
■重要な点については、遠まわしに質問するよう気をつける。

## インタビュー後にすべきこと

■インタビュー後に観察ノートを書き上げ、テープを二度聞く。
■話題を聞き落としていないかどうか注意する。

■インタビューの2日以内にすべてを筆記する。
■20分のインタビューの筆記には3時間かかることを認識する。

電話インタビューは、対面インタビューよりも安くつくし、早く済ませることができる。郵便による質問と比べて、調査の趣旨を詳しく説明できる。目と目を合わせないので、インタビュアーと回答者の関係が少し緊張したものになることもある。

電話インタビューの利点は、回答の幅が広がることにある。2001年にケーンとオーリリー・ド・ブラウンは、インタビューの際に探りを入れられる有効な方法について次のように述べている。

■回答者が回答の幅を広げられるように質問する。単純に「イエス」または「ノー」で答えられる質問をしてはいけない。
■さらなる情報を得るためには「誰が」「何を」「どこで」「なぜ」「どのように」という質問を適切に行なう。
■答えの後、間を置くことにより、回答の幅が広がるよう促す。
■明確な回答が得られるよう回答者を促す。
■質問の文章を少し変えることによりクロスチェックをする。

**フォーカスグループは、グループインタビューと見なされている。グループメンバー間の意見交換により、より中身が豊かになる。ただし、うまく進める技量が必要となる。グラニグとハントは、PRキャンペーンの計画と実行に関して、1984年に三つの調査方法を示した。量的調査による基本調査、デスク調査による二次的調査に加え、三番目として、フォーカスグループによる調査方法を加えた。**

「フォーカスグループは、マーケティングに関する調査技術であるが、PRの実務家の要求にかなうものとしても利用されてきている。これにより量的なデータが得られるわけではないが、メンバーが自由な雰囲気のなかで、自らの言葉で話をし、主張をし、他のメンバーの意見に応答できるというメリットがある」。

フォーカスグループは、疑いなく強力な調査ツールであり、量的アプローチを補足する有効な手段である。これにより、特定の人びとの意見や態度について深く理解することができる。しかし、訓練を受けたリサーチャーにより会合が進められる必要があり、素人が介在する領域ではない。それゆえ、この活動は、外部に委託するコストとの関連において検討されなければならない。

ディモンとホロウェイは、2002年にフォーカスグループの基本的特徴を次のように説明している。

■同じ話題について多くの人の意見があることから、確証が得られる。
■相互作用的である。
■抑えられていた見解を表明する対話の場になる。
■これにより素早くかなりの量のデータを収集することができる。
一般的に、フォーカスグループは、ミクロからマクロまで幅広い問題を検証するために使われる。
■広告およびコンセプトの検証
■行動や考え方の理解
■戦略的な政策や問題の探求
■ブランド、製品、サービスの開発と理解の促進
■組織および業界の抱える問題の把握

フォーカスグループの会合の長さは、さまざまに設定できるが、通常は2時間である。同様に参加人数もさまざまであるが、異論のある問題について集中的な議論を行なう場合は、少人数が好ましい。一方、あまり議論を戦わす必要のないものについては人数が多くても構わない。司会者は、会合の口火を切り、参加者をリラックスさせ、テーマを説明し、議論へと導くことになるが、その際、質問は一般的なものから特殊なものへと移っていく形をとる。そして対立するさまざまな議論が活発に戦わ

されているときに、敵意が生まれないようにすることが司会者の重要な役割である。

「有能な司会者に求められるものは、有能なインタビュアーに求められるものと同じである。すなわち、柔軟性があり、オープンマインドで、情報を引き出す技術を有し、聞いたことを解釈できる能力がある人が求められる。加えて、司会者には、卓越した社交的かつ間を取り持つ能力が求められる。こうした司会者により、参加者の議論が相互に活発になる。その結果、司会者は、参加者に無理に意見を求めたり、特定の方向に議論を向けさせたりしなくとも、議論をコントロールし、焦点を定めることができる」（ディモン、ホロウェイ）。

## ◉アンケート調査

アンケート調査には、市場調査のように対面式で行なわれるものもあるが、通常は、郵便やEメールで行なわれており、実施の際に配慮すべき事項は、郵便でもEメールでもだいたい同じようなことである。デンスコウムは、アンケート調査はどのようなときに効果的なのか、次のように説明している。

■回答者の数が多く、多くの地域に広がっているとき。たとえば、郵送。
■必要とする情報がきわめて単純で、あまり異論の余地のないものであるとき。
■社会情勢が、率直な回答を許すほどオープンな状況にあるとき。

■対面式の相互作用による必要がなく、同じ質問により標準的なデータを得たいとき。
■アンケートの作成、パイロット調査、人員の配置など回答を受け取る前の作業に手間取っても時間的な遅れが許されるとき。
■印刷、郵送、データの準備などにお金を使うことが許されるとき。
■回答者が質問を読み理解できることが予想されるとき。年齢、知的水準などが考慮されなければならない。

郵送によるアンケート調査の大きな問題は、他の手段と比べて回答率が落ちることである。回答するかしないかの決め手は、回答者がどれだけ調査に興味を持つかである。賞が当たるとか記念品がもらえるといったインセンティブを与えることで回答率を上げることができるが、コストがかかる。もう一つの問題は、調査の対象とすべきメールアドレス・住所等のリストをどのように入手するかである。質問の長さについても、短くすると当然、得られる情報は制限される。

## ◉サンプリング手法

あるグループの人たちから代表的な見解を得るためには、通常、全員に話をする必要はない。問題は、グループを代表できるほど十分な規模のサンプルを得ることができるかどうかである。有効な情報の多くは、低コストの、サンプル数が少ない調査でも得られる。ただし、サンプルの選定は慎重に行なう必要があり、学問的な統計理論というよりも常識に従えばよいであろう。

デンスコウムは、「理論的な問題はさておき、調査のためのサンプリングについては、対象数が30から250といった小規模な調査がしばしば行なわれているというのが実際である」と指摘している。彼は、サンプル数の少ない調査に関連して四つの点を強調している。

■サンプルがどのようなことを代表しているのかという問題によく注意を払う必要がある。

■サンプル数が少ないほど、分析もシンプルにすべきである。

■サンプル数が30以下の調査を行なうべきではない。

■質的調査の場合、サンプルの数が少ないほうが適している。

大きく分けて、サンプリングには二つの手法がある。まったくランダムにサンプルを抽出する方法と、サンプルをグループ分けしてそこから比例的にサンプルを抽出するクォータサンプリング法である。ランダムサンプリングでは、たとえば、電話帳から不特定の20人を選ぶ場合、ランダムにならない可能性がある。選定者は、なじみのある名前とか短い名前を選ぶかもしれない。ランダム数表を使うことが望ましい。これの代替となるのがクォータサンプリング法である。対象となる人は、一定の条件のもとで特定される。消費者についていえば、性、年齢、社会階層などにより特定の人びとが特定の割合で抽出される。

## 質問事項を考える

ＰＲに関する調査全体にとっての重大な問題は、いかに質問事項を作るかである。質問事項に関する黄金律は、回答者となりうる代表的な2～3人にパイロット調査を行なうことである。質問の作成に取り組む前にまず二つの点に留意する必要がある。第一に質問の数である。郵送によるアンケート調査の場合は、質問項目を20程度にすべきである。電話による調査は15分、家庭や事務所での対面式インタビューは30分、街頭では3分といったところがガイドラインとなる。

二分法的な質問は、きわめて単純な質問のタイプである。

〈例〉

1．ＡＢＣという会社を知っていますか。

2．Ａ商品とＢ商品のどちらが魅力的ですか。

気をつけなければならないのは、本当に、二者択一の選択になっているかどうかである。最初の質問に対しては、おそらく「はい」あるいは「いいえ」というのが回答になるが、二番目の質問に対しては「Ａ」あるいは「Ｂ」に加え、「どちらも魅力的でない」「どちらも魅力的である」という回答がありうる。

　複数の回答が可能な質問については、想定しえないものは「その他（明記してください）」として選択肢に含める。

〈例〉

あなたは、トレーラーをどこで買いましたか。

・メーカー
・販売店
・輸入業者
・中古販売店
・その他（明記してください）

　以下のリカート・スケール(*)は感情の強さや態度を認識する試みである。

〈例〉

ＡＢＣ社の製品は高いと思いますか。

非常にそう思う（5）　そう思う（4）　わからない（3）　そう思わない（2）　まったくそう思

**＊リカート・スケール**　45ページ側注参照。

わない（1）

一見単純な質問でも答えるのが難しい場合がある。たとえば、「どの販売者が、一番安い価格で、きちんと配達してくれるか」という質問には問題があり、回答者は以下のような疑問を持つ。

・価格は同じなのかどうか。

・安くてもきちんと配達してくれるかどうかわからない。

・安いとか、きちんと配達してくれるというのはそもそもどういう意味で聞いているのか。

質問が不明瞭なのは言葉の使い方が悪い結果である。

答えるのが容易な質問から始め、かつ論理的に展開する必要がある。特に、センシティブな質問については質問の最後に来るようにしなければならない。

## 情報の分析

簡明で、よく構成されたアンケート調査ができたら、次は、言うまでもなく情報の分析である。調査の目的は、調査対象サンプルの全部または一部の一般化だからである。

次の質問を考えてみよう。

〈例〉

今後2年以内にパック旅行を購入する可能性はありますか。（回答は一つのみ）

・非常にある
・比較的ある
・どちらでもない
・あまりない
・非常にない

この質問に対する単純な分析は、次のようなものになる。（全回答者）

| 可能性 | 割合（%） |
| --- | --- |
| ・非常にある | 25 |
| ・比較的ある | 40 |
| ・どちらでもない | 14 |
| ・あまりない | 18 |
| ・非常にない | 3 |
| 計 | 100（%） |
| サンプル数 | 200（件） |

より興味ある結果を得るためには、いわゆるクロス分析を行なう。

既購入者と未購入者との比較

| ・可能性 | 計(%) | 既購入者の割合(%) | 未購入者の割合(%) |
|---|---|---|---|
| ・非常にある | 25 | 40 | 10 |
| ・比較的ある | 40 | 0 | 80 |
| ・どちらでもない | 14 | 25 | 5 |
| ・あまりない | 18 | 30 | 5 |
| ・非常にない | 3 | 5 | 0 |
| 計 | 100(%) | 100(%) | 100(%) |
| サンプル数 | 200(件) | 100(件) | 100(件) |

### ❖インタビュー

アン・グレゴリー(*)は、PRの評価をめぐり混乱があることを強調している。「ある人びとは、PRの評価とは、プログラムのスタート時点での調査、展開中のプログラムのモニタリング、そして最終段階での評価という循環過程であると認識している。他の人びとは、単純に、もしくは

*アン・グレゴリー　リードメトロポリタン大学教授（PR学）。

純粋に最終結果を評価するものと見ている」。評価は、最終結果の判断に限定されるとしても、「最終結果とは、ROIなのか、考え方や行動の変化なのか、それともどのくらいの記事の大きさで取り上げられたか、なのかは人によって考え方が異なっている」と述べている。

彼女は、これを解決するためには、一歩下がって、PRが達成しようとしているものは何なのかを深く考えてみることだと述べている。グレゴリーは、戦略と戦術を明確に区別している。「PRに対して戦略的アプローチを行ない、属している組織やクライアントのために考え方や行動を変化させようとするなら、評価は、調査に根拠を置くという考え方をしなければならない。PRを戦術的なものと考え、活動自体に焦点を当てようとするなら、その活動の特定の要素を測定することに集中すればよいであろう。どちらを選ぶかは、最初にどう考えるかによる」。

グレゴリーは、この二つの評価法を対立するものではなく相互に補完するものと見ている。彼女は、評価に関する考え方を変えるには、長期の努力を要するとし、評価は、常に測定の問題と関係づけて議論されることになると認識している。同様に、必要となる評価方法は、調査に基づくものでなければならず、ベンチマークが必要となるので、おそらくかなりの費用がかかることになろう。対照的に、戦術的なパブリシティキャンペーンは、モニターし評価することが比較的容易であろう。「たぶん必要なことはこの二つを組み合わせることである。また、これに関連して、次のような疑問も起こる。お金を有効に使っているか、資源を有効に使っているか、チームの能力を適切に引き出しているか、というものである」。

しかし、組織全体にとってのPRの価値を正当化するときに、PRの実務家は、最高幹部にどれだけ貢献したかを常に説明する必要はないと、グレゴリーは、直感的に考えている。「調査を正しく行ない、計画がきちんとしたものなら、そして目標がどこにあるかを承知し、コミュニケーションの方法が有効であることをテストしたなら、最後にやることは、やろうとしていることが正しい軌道に乗っているかどうか確認することである」。

多くの優良企業は、影響度の評価に焦点を当てているのではなく、スタート時点での調査を十分に行ない、プログラムが効果的に実行できるかチェックするために、一定の質的尺度を使うことに焦点を当てていると、グレゴリーは指摘している。「われわれは、キャンペーンにのめり込み、良い成果が得られたと言いたがる。その結果、あらゆる手段を使って、予算を使ったことを正当化しなければならなくなる。こういうことではなく、始める前の計画に力を注ぎ、実行の段階に入ったらきちんと計画通りに行なわれているかどうかチェックすることが肝要である」。

「私は、人事担当部長がある人を採用するときにそれを正当化することを求められたとは聞いたことがない」と彼女は言う。

評価の将来に関して、グレゴリーは、PRの価値を組織のなかで正当化することの見通しについてこう述べている。「ある段階で、ＰＲは組織の信頼を得るよう努力しなければならないが、いったん、それが達成できれば、それ以後、正当化する必要はなくなる」。彼女は、ＰＲが正当な価値を有するということを人びとに受け入れさせるなんらかの引き金があるはずと考えている。「しばしば組織危機に陥ったことが引き金になる。そのときに、突然にしてコミュニケーションの重要性についての理解が生まれる。それは、ＰＲが存在しない場合に起こりうることと関係しており、かつＰＲが存在しないがゆえに起こったことと関係している」。

第5章

# 実践のための評価モデル

Evaluation structures and processes——評価の体系とプロセス

## 準備・実践・影響モデル（ＰＩＩモデル）

ＰＲ活動やプログラムの評価には、いくつかのテクニックの併用が必要であるとの認識がますます高まりつつある。「ほとんどの場合、優れた実務家は、プログラムの効果を測定するために、複数の手法を組み合わせる」。これについては、経験豊富な実務家であるウォルター・リンデンマンが、自身の論説のなかで次のように断言している。「**ＰＲの効果を測るには、たった一つの単純な手法などない。ＰＲの影響を正しく評価するためには、さまざまなツールとテクニックの組み合わせが必要となり、それは、どのレベルの測定が必要かによって変わってくる**」。

この「手法の組み合わせ」については、しばしば3層あるいは3段階モデルが用いられてきた。典型的なものとして、カトリップ、センター、ブルームの三者によるモデル、「ＰＲプログラム評価のための段階」があげられる。**Preparation（準備）、Implementation（実践）、Impact（影響）の頭文字からＰＩＩと呼ばれる（図Ⅰ−8）**。カトリップ、センター、ブルームの評価モデルは手法に関する処方箋となるものではなく、「評価は、それぞれの実務家ごとに異なる意味を持つ」ということを認めている。

**ＰＩＩモデルの最下段の「準備に関する評価」**では、まず、プログラムを効果的に企画するために、

**図-8**｜準備･実践･影響モデル(PIIモデル)

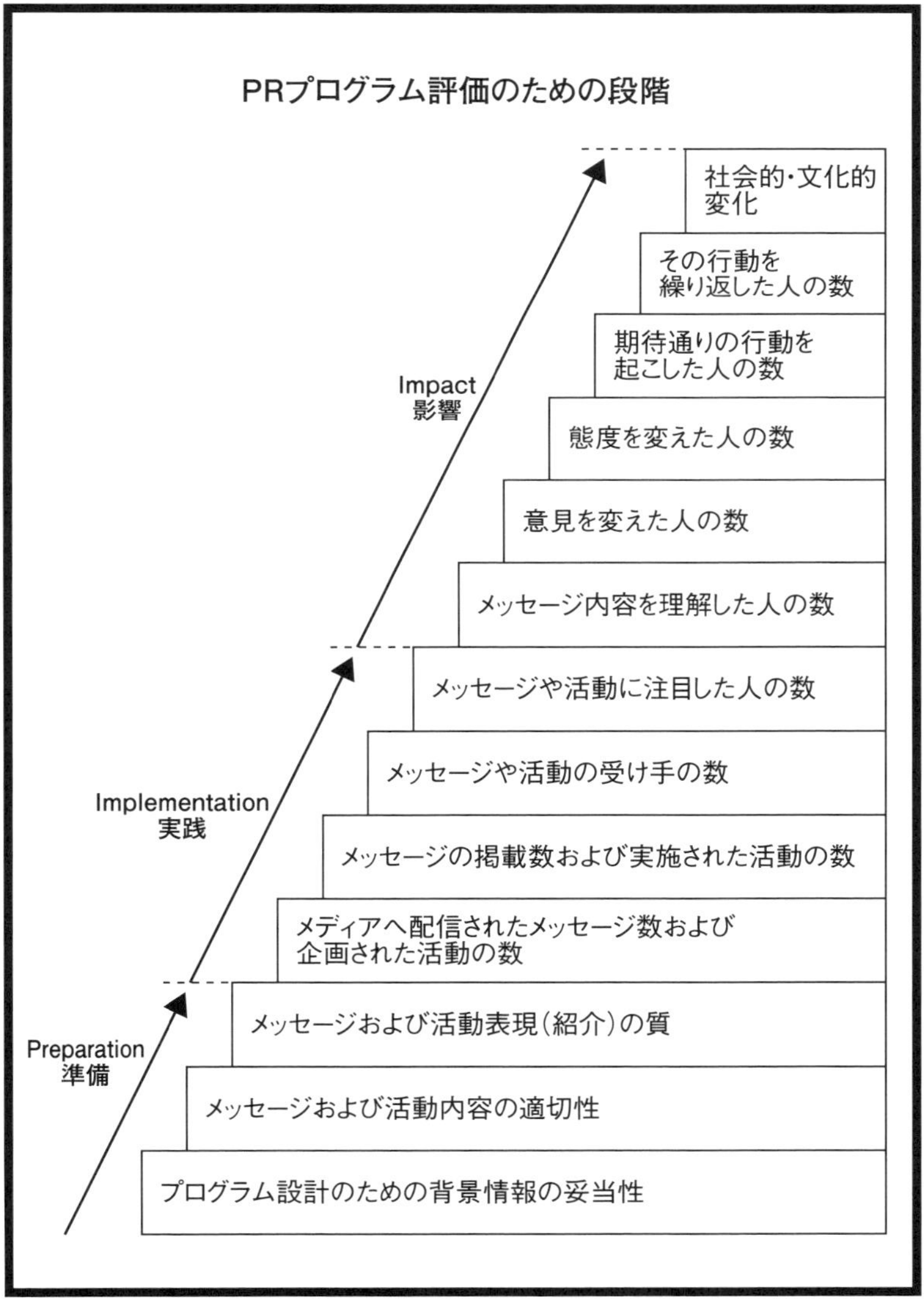
PRプログラム評価のための段階
社会的･文化的
変化
その行動を
繰り返した人の数
期待通りの行動を
起こした人の数
Impact
影響
態度を変えた人の数
意見を変えた人の数
メッセージ内容を理解した人の数
メッセージや活動に注目した人の数
メッセージや活動の受け手の数
Implementation
実践
メッセージの掲載数および実施された活動の数
メディアへ配信されたメッセージ数および
企画された活動の数
メッセージおよび活動表現(紹介)の質
Preparation
準備
メッセージおよび活動内容の適切性
プログラム設計のための背景情報の妥当性

バックグラウンド情報が適切に収集されたかどうかを検証する。次に、用意した資料の内容が企画に沿ったものかどうかを吟味する（たとえば、プレスリリースがキャンペーンのキーメッセージを一つ以上伝えているかどうか）。この段階の最後には、資料のプレゼンテーションのあり方を検討する。たとえば、きちんとアニュアル・レポートを制作しても、それは準備の段階であり、ただちに投資家向けPR活動（IR）の効果を保証するものではなく、それに向けての一助になるにすぎないということである。

**第2段階の「実践に関する評価」**では、戦術と労力の投入がどのようになされたかを考慮する。資料の配布とイベントの参加状況から始まり、ターゲット層の人びとがメッセージに触れる機会にまで進んでいく。この評価モデルにより、どこに不備があるか認識できる。つまり、きちんと書かれたプレスリリースでも、適切な人びとに配られなければ効果を発揮しない。たとえ見る機会（OTS：Opportunities to See）のある人びとが相当数いるとしても、そんな数字は文字通り見る機会に触れたにすぎず、実際どの程度までそのメッセージに注意が払われたかはまったくわからない。したがって、OTSや同様の構成概念は、メディア・プランニングにおいて一定の役割を果たすとはいえ、キャンペーンの効果測定としては限界がある。**PRの評価は、往々にして実践段階が中心になることが多いが、カトリップ、センター、ブルームは次のように忠告する。「実務家は、記事掲載量、放映時間、読者数、視聴者数、参加者数、印象に関する情報などたくさん容易に集めることができる。これが、この段階における評価が一般的に普及している原因であり、評価の誤用につながっているのではない**

**だろうか」。**

これまでの議論は「プロセス」に関する評価についてのものであるが、**「影響に関する評価」の段階**では、それぞれの目標ごとに設定された成果や、プログラムの全体的な目的がどの程度達成されたかをチェックすることに重点が移る。影響評価は、キャンペーンのベンチマークとした変数と同じものを使って測定され、目標に明示された量的変化を達成したかどうかを検証する。ここでは、アンケート調査から観察まで、さまざまな調査テクニックを用いて、直接的に測定することが必要となるほか、調査テクニックの理解に加え、態度および行動の変化に関する指標を上手に設定することが求められる。

PIIモデルは、アウトプット（産出結果）と影響を区別しており、異なる手法の混乱を避けるのに役立つ。また、評価プランを立てる際のチェックリストや注意喚起の役割を果たす。そのなかで最も重要なメッセージは、本書で何度も繰り返されることになるが、代替ゲームを避けることである。代替ゲームの最も典型的な例は、PR実務家が、送付したニュースリリース、配布したパンフレット、開催した会見の数（実践努力）で、プログラムの効果（影響）とすることである。つまり、プログラムの影響度（インパクト）を求められているのに、掲載量や放映時間といったパブリシティの量を、プログラム目標として設定されたターゲット層の知識・性向・行動に関する変化として代替的に利用することである。

# マクナマラのマクロ・モデル

オーストラリアの評価専門家であるジム・マクナマラは、ＰＩＩと類似のモデルを開発し、マーケティング学者であるフィリップ・コトラーの企業活動のマクロ環境にちなんで、**マクロ・コミュニケーション**と名づけた。**ベースとなるインプットは、ＰＩＩと同様、バックグラウンド情報、メディアの妥当性、メッセージの質などである。ピラミッドの中間にはメッセージ関連の項目があり、メッセージの配信から始まり、「メッセージを考慮した人の数」で終わる。**結果の部分は、調査に関連したものであり、最後には目標を達成できたか、問題を解決できたかの判断に行き着く（**図－9**参照）。

**このモデルでは、アウトプット（産出結果）とリザルト（結果）を分けて考えている。**たとえば、ニュースリリースは、質・読みやすさ・適時性という観点からアウトプットとして評価されるが、コミュニケーション効果が達成されたかどうかに関しては、評価されない。マクロ・モデルは、各段階それぞれに適用できる評価手法をリストアップし、測定可能な完全なるプロセスを開発しようと試みている。マクナマラによると、同モデルは、「ＰＲに関する評価を企画し、管理するための実践的なモデル」であり、コミュニケーションを多段階のプロセスとらえている。

**マクナマラは、ほとんどのＰＲをめぐる状況に対応した評価テクニックの総合メニューを提案して**

図-9 | マクナマラのマクロ・モデル

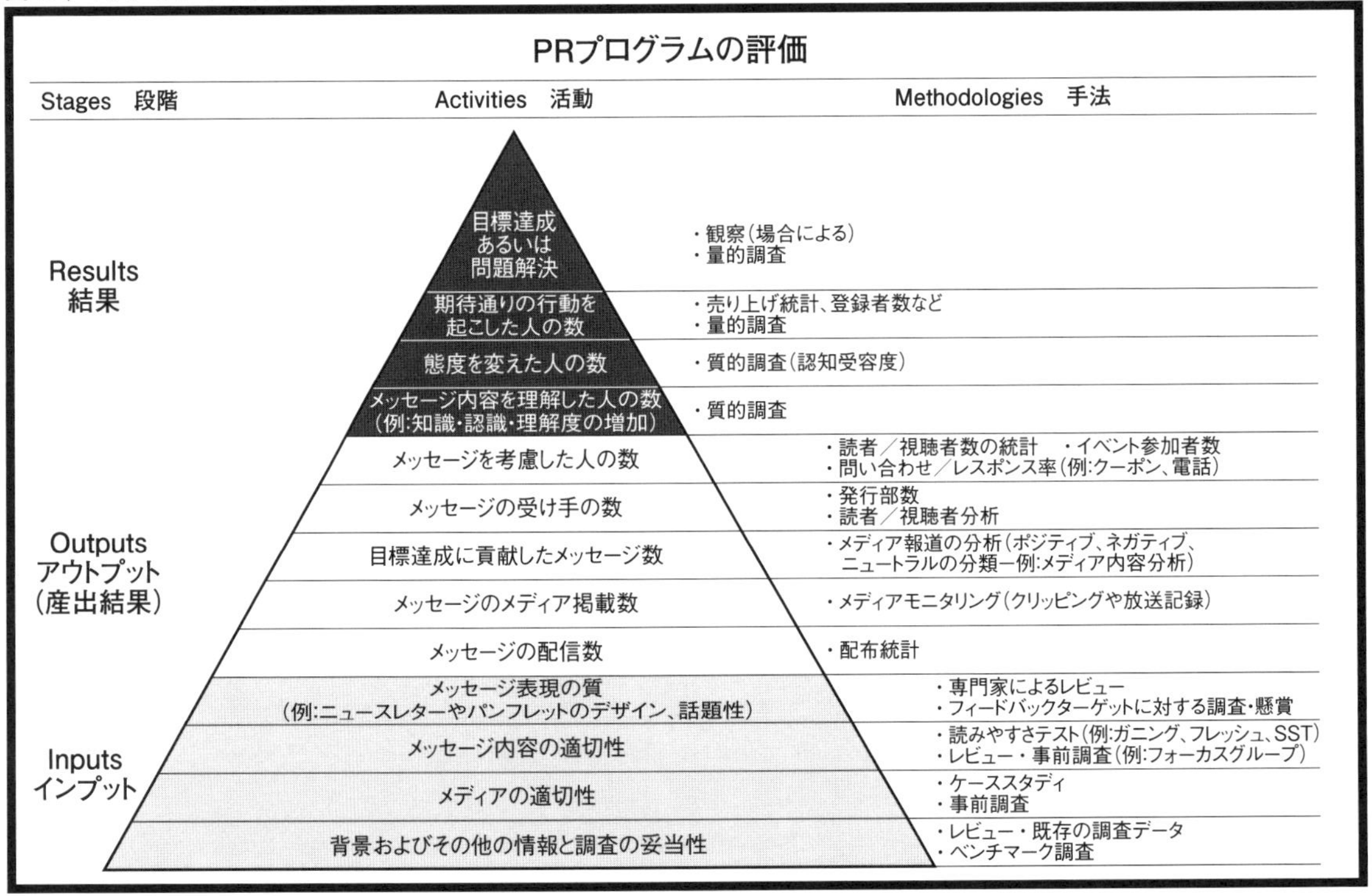
PRプログラムの評価
Stages 段階
Activities 活動
Methodologies 手法
Results
結果
目標達成
あるいは
問題解決
・観察(場合による)
・量的調査
期待通りの行動を
起こした人の数
・売り上げ統計、登録者数など
・量的調査
態度を変えた人の数
・質的調査(認知受容度)
メッセージ内容を理解した人の数
(例:知識・認識・理解度の増加)
・質的調査
Outputs
アウトプット
(産出結果)
メッセージを考慮した人の数
・読者/視聴者数の統計 ・イベント参加者数
・問い合わせ/レスポンス率(例:クーポン、電話)
メッセージの受け手の数
・発行部数
・読者/視聴者分析
目標達成に貢献したメッセージ数
・メディア報道の分析(ポジティブ、ネガティブ、
ニュートラルの分類ー例:メディア内容分析)
メッセージのメディア掲載数
・メディアモニタリング(クリッピングや放送記録)
メッセージの配信数
・配布統計
Inputs
インプット
メッセージ表現の質
(例:ニュースレターやパンフレットのデザイン、話題性)
・専門家によるレビュー
・フィードバックターゲットに対する調査・懸賞
メッセージ内容の適切性
・読みやすさテスト(例:ガニング、フレッシュ、SST)
・レビュー・事前調査(例:フォーカスグループ)
メディアの適切性
・ケーススタディ
・事前調査
背景およびその他の情報と調査の妥当性
・レビュー・既存の調査データ
・ベンチマーク調査

*フォグ・インデクス(Fog Index)　これは、文章がどれくらい読みやすいかをテストするものであり、文章を理解するために必要となる教育年数を示すものである。たとえば、12という指数は、米国の高校3年生のレベルを示す。『タイム』誌は、11、『ニューズウィーク』誌は、10とされている。

**きた。**それは、ガニングの**フォグ・インデクス**(*)からメディア内容分析、観察および数量的調査にまで至るものの、このマクロ・モデルは一つの動的要素を欠いている。同モデルは、効果を出すこと、つまり、キャンペーンの途中で戦略や戦術を変更することに焦点を当ててはいない。同モデルは、主にメディア対応を扱ったものであり、それ自体、長期的なPRキャンペーンにおいて必ずしも主要戦略である必要はない。

ごく最近、マクナマラは、同モデルを簡素化したうえで、精緻化した。それによってもっと使いやすく、また、このマクロ・モデルが貫く大原則をさらに確固たるものにしている。結果という言葉は、より最近の専門用語を反映して、成果（アウトカム）としている。重要なことは、成果が本書第8章で述べられている目標の階層を示し、認知、態度、行動の変化を区別している点である（**図Ⅰ-10**参照）。

## PR効果のヤードスティック・モデル

ウォルター・リンデンマンによって開発された**「PRに関するヤードスティック・モデル」**(*)は、企画から目標へと段階を発展させていないという点で、他のモデルとは異なる。したがって、同モデルは、状況を分析し、ベンチマークを設定するという最初の企画プロセスにおいて、評価の役割を強調していないとして批判されている。リンデンマンのモデルも3段階モデルであるが、その3段階は、

図-10｜簡素化されたマクロ・モデル

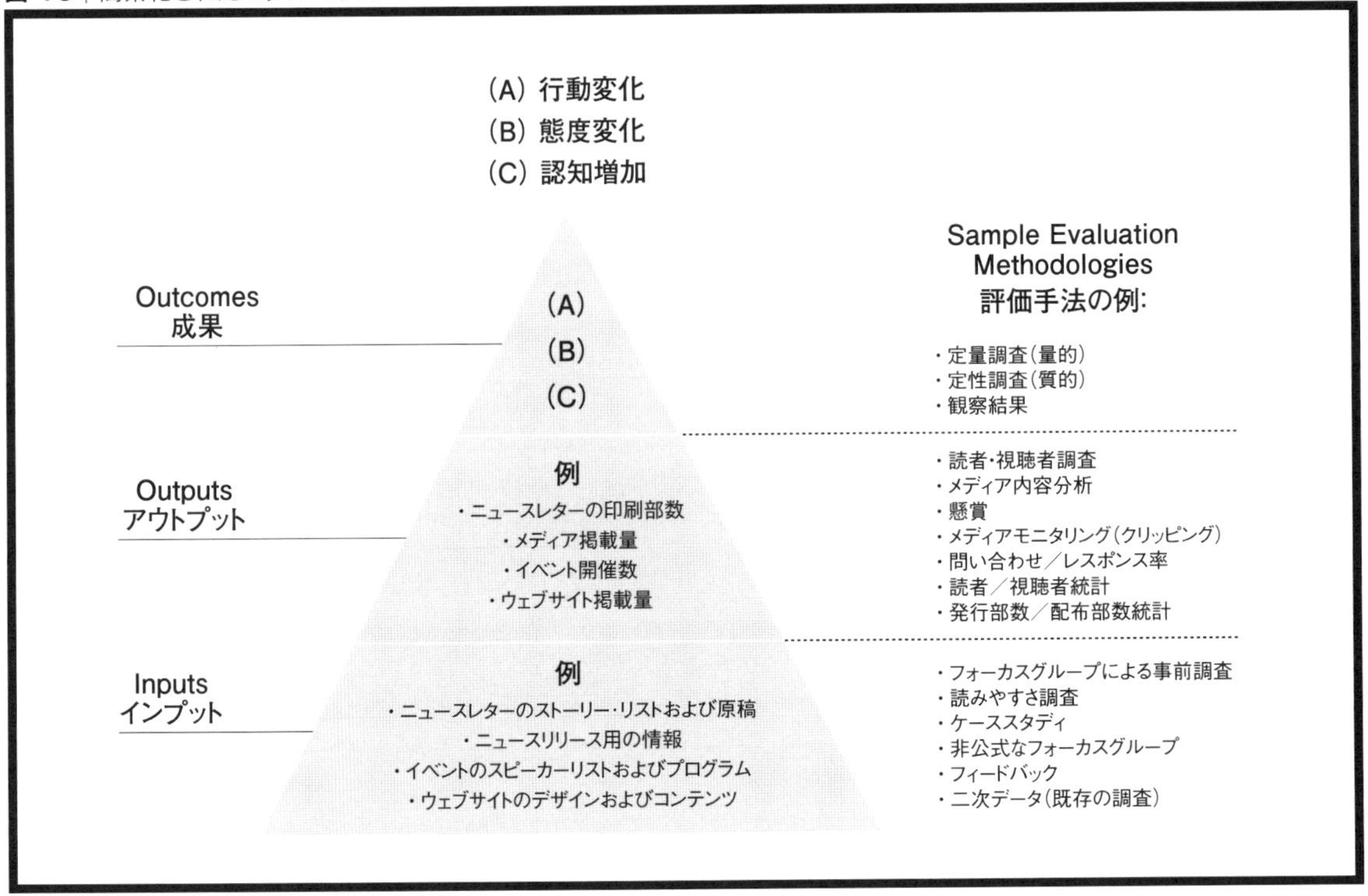


*ヤードスティック・モデル　数理的評価手法。本来は競争原理が働きにくい公益事業に競争原理を持ち込むために用いられている手法のこと。

PIIモデルの準備と実践という2段階と、マクロ・モデルの産出結果と成果という後半の2段階に相当するものである。

リンデンマンは、PR効果を測ることは可能であり、それをきちんと説明することに関し、クライアントおよび経営者からのプレッシャーが高まっていると主張している。そして、「PR効果を測るには、驚くほどのお金をかける必要はないし、膨大な時間を要するわけでもない。PRの測定調査は、比較的低いコストで、数週間足らずのうちにできる」と、付け加えている（**図Ⅰ-11**参照）。

そもそも、ヤードスティック・モデルは、目標設定を前提に構築されている。したがって、このモデルは、最初にPRの目標を設定し、次にどのレベル（費用や程度等）でPR効果を測るか決定するという、2段階プロセスの後半部分の位置づけであることは明白である。また、設定されるPR目標には階層があるということを描き出そうとした最初の試みであり、この階層化が評価において果たす中心的な役割を確立したという点では、重要な開発であった。同時にリンデンマンは、アウトプット、アウトグロウス（中間的成果）、アウトカム（成果）という、事実上の基準として浮上してきている専門用語を生み出した。特にPR評価における目標設定という重要なテーマについては、第8章でさらに詳しく述べる。

**ヤードスティック・モデルの三つのレベルは、PR活動の成否をどれだけ精緻に測定するかを示すものである。レベル1は、初級レベルで、PRのアウトプットを測定する。**主に、メディアを通じて、

図-11｜リンデンマンの効果に関するヤードスティック・モデル

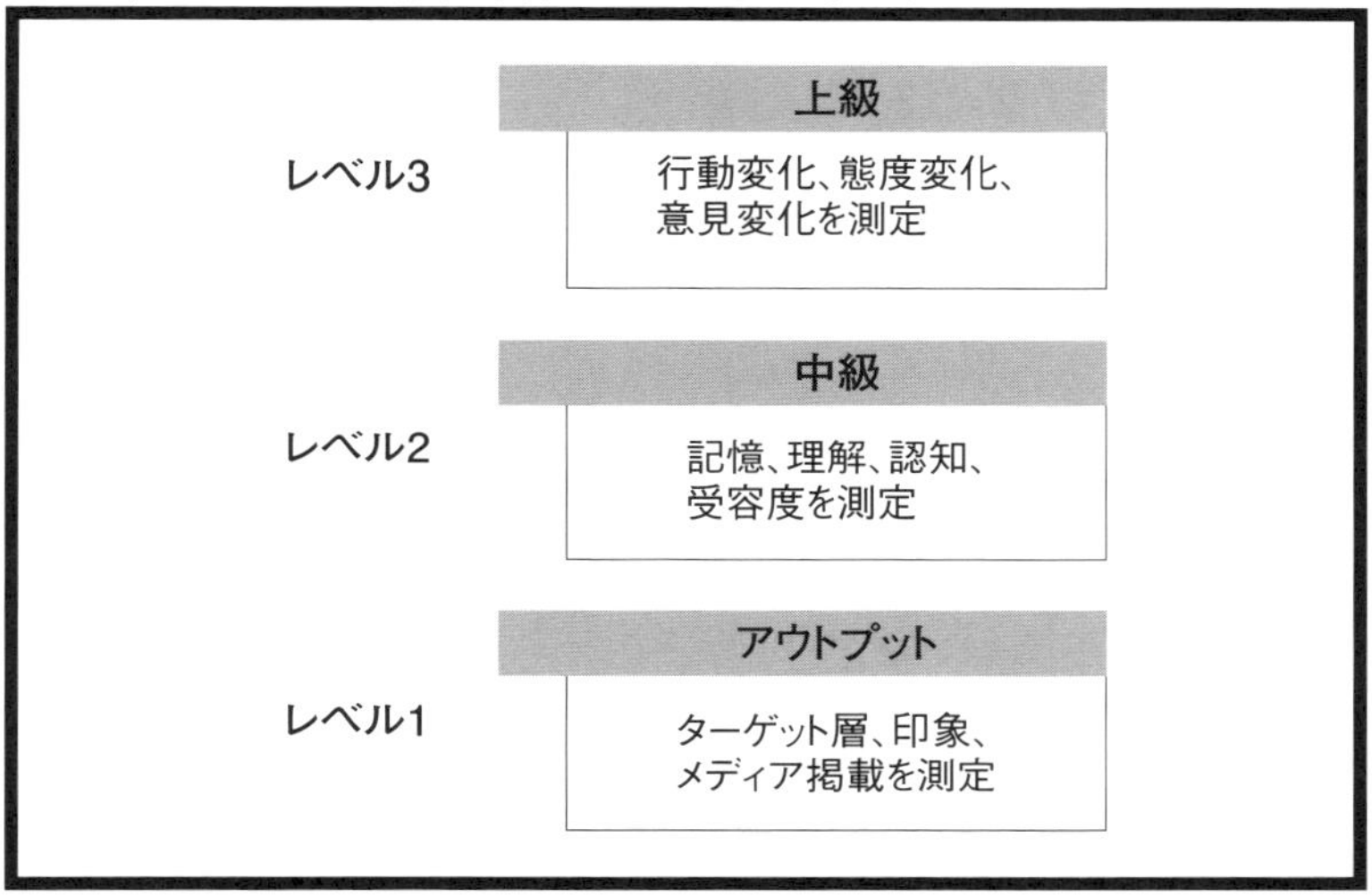

| | 上級 |
|---|---|
| レベル3 | 行動変化、態度変化、意見変化を測定 |

| | 中級 |
|---|---|
| レベル2 | 記憶、理解、認知、受容度を測定 |

| | アウトプット |
|---|---|
| レベル1 | ターゲット層、印象、メディア掲載を測定 |

プログラムやキャンペーンがどのように行なわれたかを測定するものである。メディアにおける報道ぶりやターゲット層への到達の可能性といった観点から測定する。手法としては、メディア内容分析、メディアの種類、OTS（目に触れる機会）の測定、あるいはターゲット層の意識の変化を測る簡単なアンケート調査などがある。これは基本的にはコストのかからないアプローチだが、切り抜きを数える、勘に頼るといった厳密さに欠ける非公式な評価法よりは、方法論の観点からいうと詳細かつ正確なものである。

**レベル2は、キャンペーンの中間的成果物を測定尺度として利用するため、リンデンマンは中級レベルと名づけた。**ここでは、ターゲット層が実際にメッセージを受け取ったかどうか判断したうえで、彼らの記憶・理解・認識の程度を評価するものである。ＰＲ実務家は、フォーカスグループ、オピニオンリーダーに対するインタビュー、ターゲットグループの意見調査など量的、質的データ収集テクニックを活用する。この段階は、レベル１よりいっそう洗練されたものであり、メディア対応だけに頼らないプログラムやキャンペーンを実施するために、戦略や戦術に関するフィードバックに役立つデータを生み出すことにある。この調査では、人びとの態度が変化したことを示すことにはならないかもしれないが、実践的なＰＲ目的からすると、比較的コストのかからない評価戦略であるといえる。

**レベル３では、成果が測定される。**これには、意見、態度そして行動の変化が含まれる。ここでは、事前・事後ヒアリング、観察法、心理学的分析、その他の社会科学的テクニックを用いるが、事前・事後調査の役割が本来の力を発揮する局面といえる。このレベルは、より完全で、実施に時間もかかり、コストも高いが、長期的なキャンペーンにとっては、ターゲット層の認識、理解レベル、行動パターンを明確に把握できるという利点がある。

すなわちキャンペーンが、成功か否かを測る包括的で有効な検証レベルといえる。

ヤードスティック・モデルは、他のモデルとは厳密には比較できない。というのも、マクロ・モデルのようにインプットから結果へ、あるいはＰＩＩモデルのように準備・実践・影響へと進む水平的な展開というよりも、むしろテクニックの垂直的な展開を提唱しているからである。同モデルは、ＰＲ活動を開始する前に目標を設定し、評価手法を選択することに重きを置いている。これらは、いかなる評価モデルにも包摂されるべき重要な要素である。しかしながら、ヤードスティック・モデルは主に、実務家に評価テクニックを利用させるための教育的ツールであり、調査テクニックに関する知識と理解に乏しい実務家のために、手法の選択をより簡単にし、より確実に評価予算を取れるようにするのが、その役目である。

## PREプロセス

以上で見てきた三つのモデルの起源はさまざまだ。カトリップ、センター、ブルームによるPIIモデルは有名だが、マクロ・モデルはそれほど知られていない。また、リンデンマンのヤードスティック・モデルなどのモデルがPR実務家に採用されないのには、実務家の知識不足、魅力に欠けるなどの原因が考えられる。

既存のモデルは複雑すぎるし、実行プランそのものに影響を与えるような活発なフィードバックを欠く静態的なものであり、PRキャンペーンの最終段階を想定している。本来、PRには、始めと終わりがあるわけではない。ある組織がメディア対応プログラムの結果を測定する間、社会との対話を中断することはできない。プログラム全体を通して適宜モニタリングを行ない、戦術を調整していくものである。ある特定の戦術段階終了時には、正式に効果を測るかもしれないが、同時並行で継続している活動もあり、評価判定が続く間にも、ＰＲチームは隔離されてはならない。「達成された目標または解決された問題」を頂点に掲げたマクロ・モデルは、実用化の際に問題となる例である。現実のＰＲの世界では、終わりというものはなく、活動は続く。有効なモデルはいずれも、この動的で、継続的なプロセスの性質を反映するものでなければならない。

『ＩＰＲツールキット』の著者であるマイケル・フェアチャイルドは、リンデンマンの考え、特に、評価を継続的でダイナミックなプロセスとしている点を、発展させた。その『ＩＰＲツールキット』第3版が「メディア評価版」と呼ばれている。同シリーズはＰＲの企画全般、特に評価に関する考え方が優れている。

この考え方は、企画（Planning）、調査（Research）、評価（Evaluation）というコンセプト（＝ＰＲＥ）に重点を置いている。特に、評価を後から付け加えるものではなく、ＰＲ企画に不可欠な部分としてとらえ、評価と調査との密接なつながりをさらに強調している。ＰＲＥに関する特定の欠点をあげたフェアチャイルドの次のリストは、一般的にＰＲそのものが抱える課題と見誤りかねないほどである。

■既存の、しばしば無料で入手可能な調査資料をうまく利用できていない。あるいは、市場調査専門業者と業務提携する価値をわかっていない。

■コミュニケーションの目標を、ビジネスの目的や公共的目的と連携させていない。

■しっかりとした企画、調査、評価の枠組みを構築する前に、創造的な仕事に走る傾向がある。
■たとえば、「目標」、「戦略」、「戦術」をそれぞれ置き換え可能と見なし、明確さよりも効果を念頭に置いた専門用語の使い方をしている。
■メディア報道の価値に重きを置きすぎて、より広い状況のなかでの価値判断ができていない。

**PREプロセスは、審査、目標設定、戦略・企画、継続的測定、結果・評価という5段階の循環プロセスとして説明される。動的なプロセスとして描かれているのが重要である**（図Ⅰ-12参照）。**ステップ1**（審査）では、プログラムやキャンペーンの基盤を形成する調査を行ない、情報収集に取り組む。**ステップ2**では、目標を設定する。ポイントは、目標は、空虚なものであってはならないということである。すなわち組織全体の目標や目的と連携の取れたものにする必要があるということである。次に、**ステップ3**では、戦略とそれをどのように実施するかを決定する。ここでも調査と評価が前面に来る。どのような評価尺度を選択するか、採用すべきPRテクニックならびにメッセージの事前調査をどのように行なうかを最初に決定する。**ステップ4**では、フォーマティブな評価、つまり進行中のプログラムの評価を行なう。プログラムが順調に進んでいるかどうかが検証され、プログラムを中止すべきかどうかを含め、必要な調整についての決定が行なわれる。**ステップ5**は、結果とそれを評価する段階であり、キャンペーンやプログラムのために設定された目標がどの程度達成され

**図-12** | 企画(Planning)、調査(Research)、評価(Evaluation)プロセス

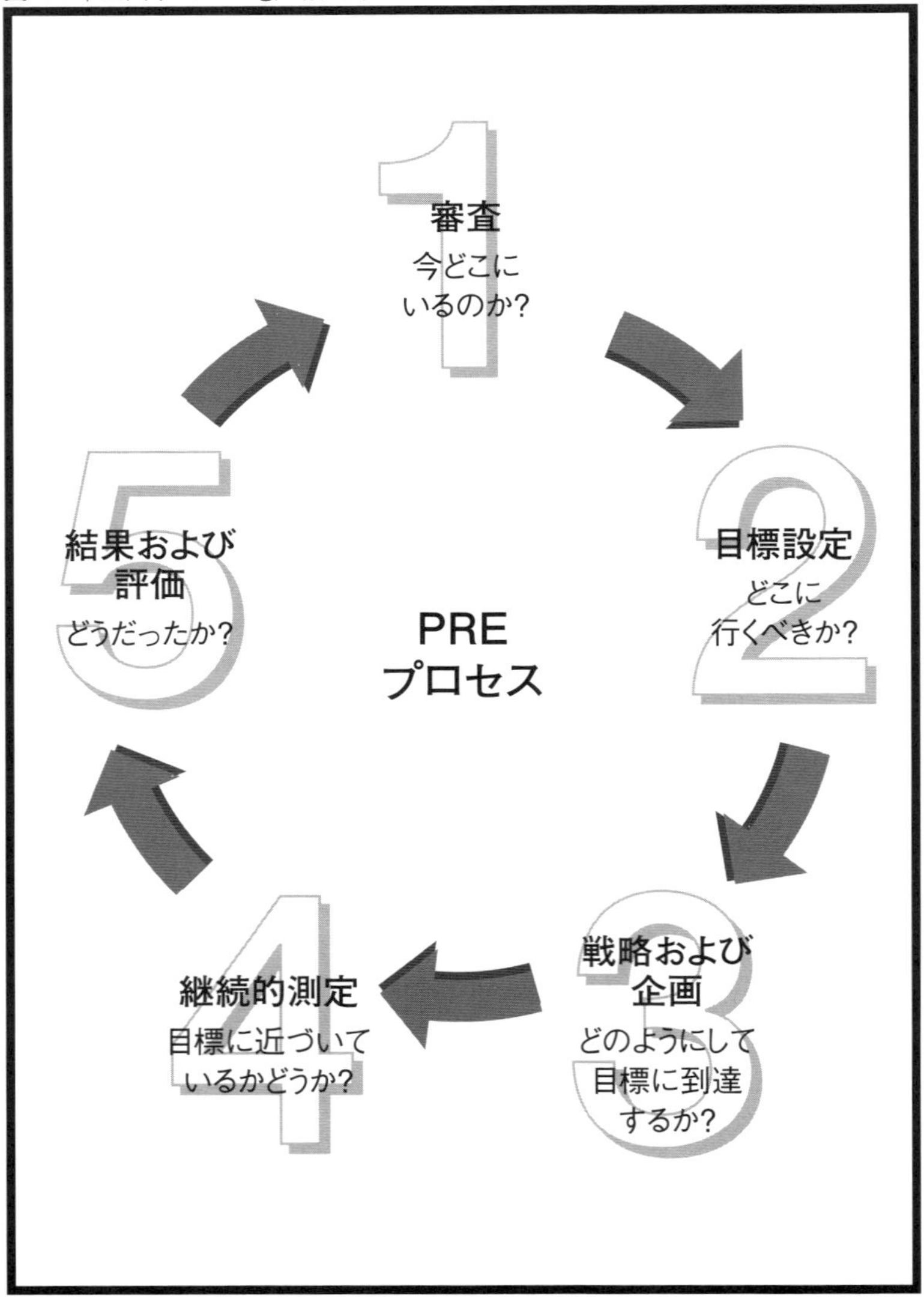
1
審査
今どこにいるのか?
2
目標設定
どこに行くべきか?
3
戦略および企画
どのようにして目標に到達するか?
4
継続的測定
目標に近づいているかどうか?
5
結果および評価
どうだったか?
PRE
プロセス

**図-13**｜PREと調査レベルの関係

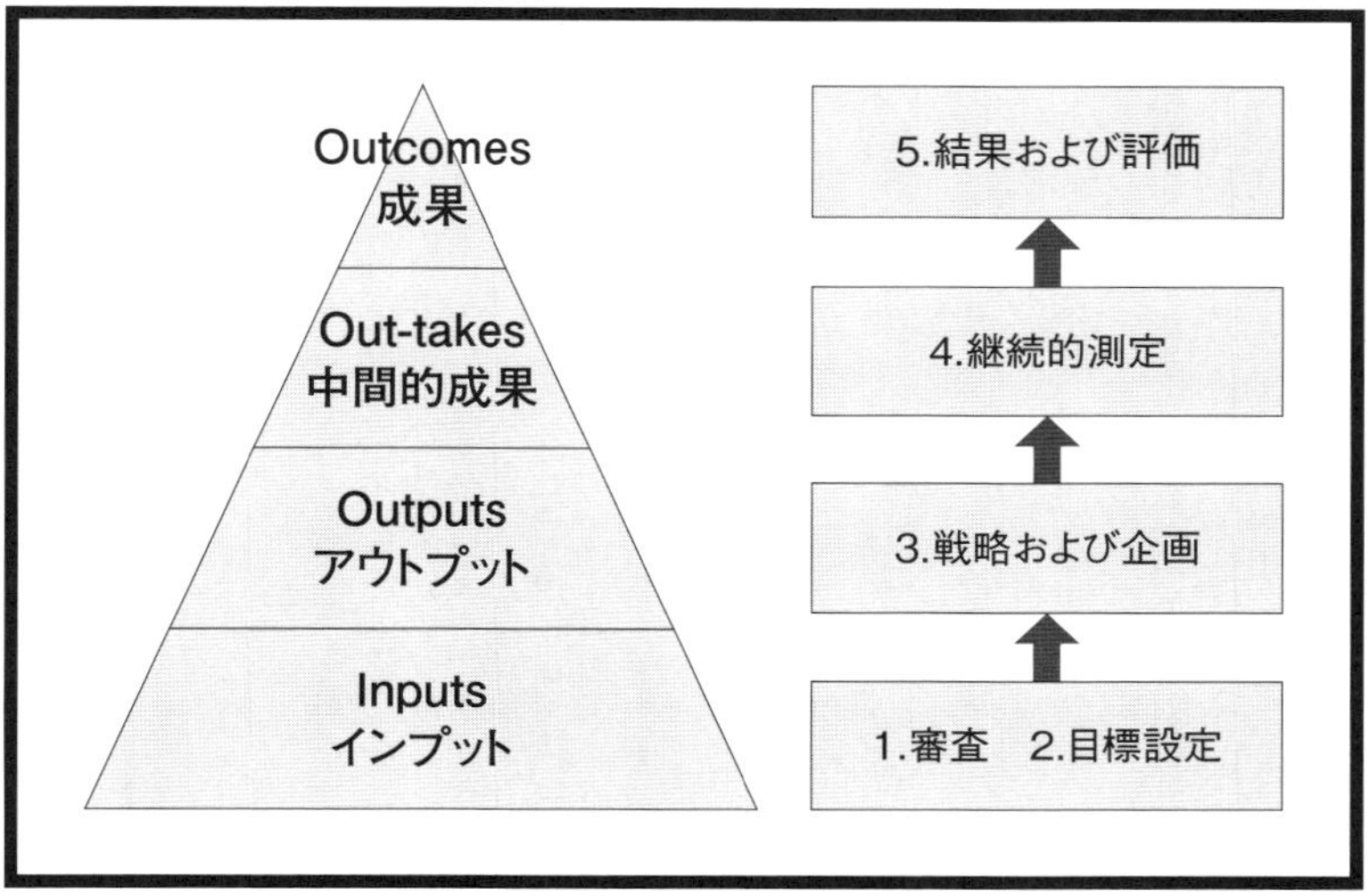


たかを検証する。このステップは、その性質上かなりサマティブなものであるが、将来の企画プロセスに対するフィードバックを得られる機会となる。

最後に、この動的、循環的、フィードバック指向のＰＲＥプロセスは、４層のピラミッドで描くことができる。これは、リンデンマンの３段階に「インプット」を最下層として加え、またピラミッド型で、さまざまな評価手法を各レベルに結びつけるという点では、マクナマラを模することになる。ＰＲＥのステップ１と２（審査と目標設定）では、調査をインプットとして利用し、ＰＲＥステップ３（戦略および企画）では、戦術の選択および実施に関して事前調査を行ない、導入する。ＰＲＥステップ４（継続的測定）は、進捗状況をモニターするために追跡調査を行ない、ステップ

5（結果・評価）では全体の成果を検証するために、直接的な測定を行なう（**図I-13**参照）。

## 統合モデル

これまでの4種の3段階モデルの分析を合わせてみると、実際には四つのステップがあるということ、またPRプロセスにおけるまったく同じ段階や明らかに大変似通った段階を表すのに、多種多様な専門用語を使っていることがわかる。**PRにおける評価の意味を理解するためには、まず第一に、PRが複数段階のプロセスであり、それぞれの段階に適したさまざまな評価方法がありうるということを認識することである。**これが今まで述べてきたすべてのモデルの前提であり、この考え方を理解すれば、代替（置き換え）ゲームの罠に気づくことになる。

評価の重要部分である目標設定に関し、従来のモデルがその階層を認識していないこと、また目標のレベルが異なれば、求められる評価方法も必ず違うということも理解されていないというのが、既存モデルに対する究極の批判である。したがって、本当の意味で代表的な評価体系を設定するためには、目標設定レベルを三つに分けなければならない。そこで、5段階の統合モデルを設定した。また、「成果」という用語は使用せずに、設定された目標が知識・認識に関するものか、人びとの性向に関するものか、または行動に関するものであるかによって、それぞれ影響、効果、結果の三つのレベル

**図-14**｜統合モデル

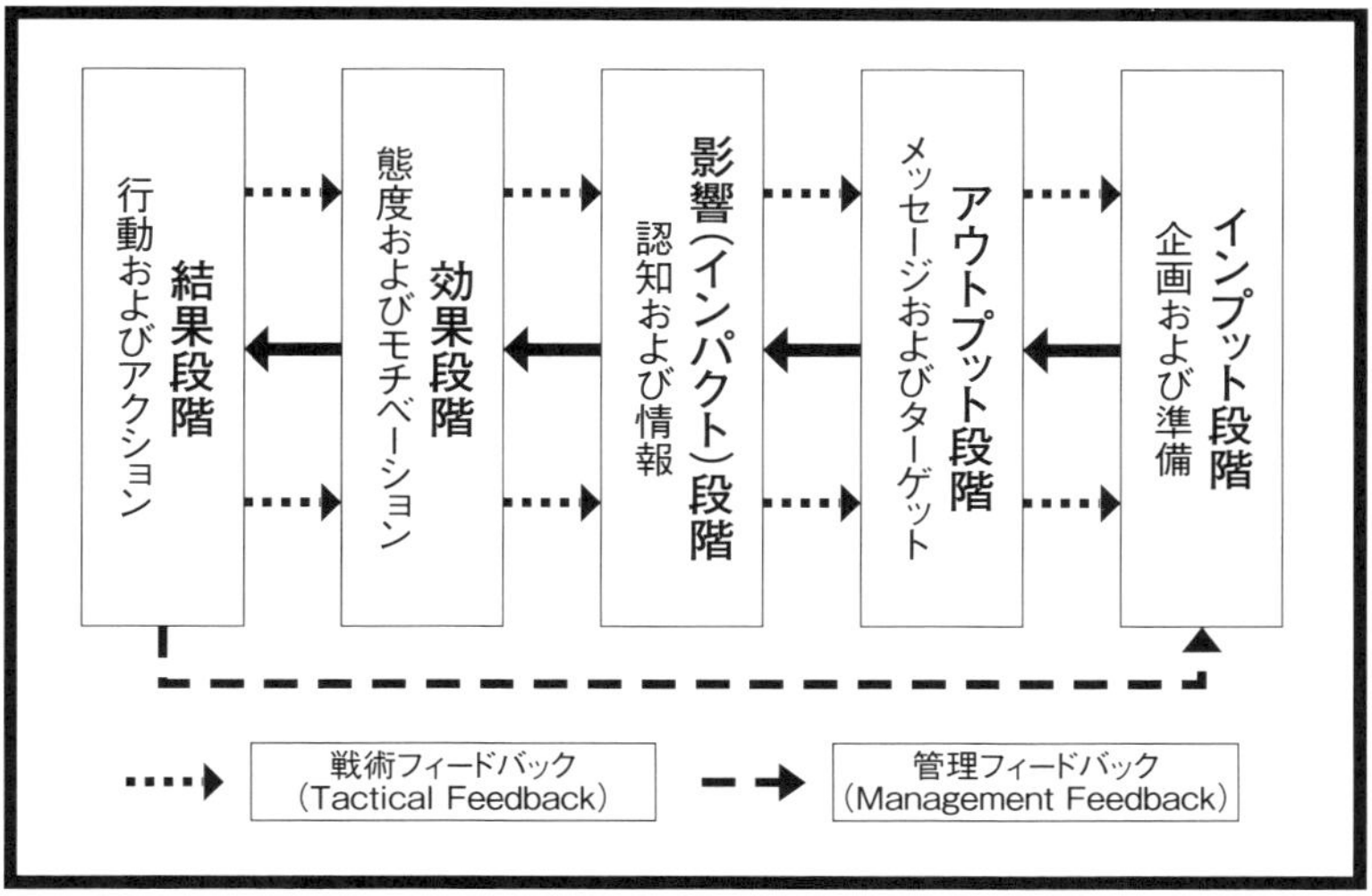


**図-15**｜専門用語一覧

| | 統合モデル | PIIモデル | マクロ・モデル | リンデンマン | PRE |
|---|---|---|---|---|---|
| レベル／段階 | 段階(Stage) | レベル／段階(Level/Stage) | 段階(Stage) | レベル(Level) | レベル(Level) |
| A | インプット(Input) | 準備(Preparation) | インプット(Inputs) | — | インプット(Inputs) |
| B | アウトプット(Output) | 実践(Implementation) | アウトプット(Outputs) | アウトプット(Outputs) | アウトプット(Outputs) |
| C(認知) | 影響(Impact) | 影響(Impact) | 結果(Results) | 中間的成果(Outgrowths) | 中間的成果(Out-takes) |
| D(性向) | 効果(Effect) | 影響(Impact) | 結果(Results) | 成果(Outcomes) | 成果(Outcomes) |
| E(行動) | 結果(Results) | 影響(Impact) | 結果／成果(Results/Outcomes) | 成果(Outcomes) | 成果(Outcomes) |

に分けた。目標を階層にしたので、当然、影響と効果は結果よりも前に位置づけられなければならない。もちろん効果の前に影響が来ることになる（**図Ⅰ-14**と**図Ⅰ-15**参照）。

統合モデルでは、手法についてはなにも触れていない。レベルによって求められる手法が異なるのは当然であり、調査方法は、特定の状況と調査課題によって決定されるべきである。また、評価は、調査であると考えれば、評価に対する考え方の発達に伴い調査方法への理解も深まるはずである。統合モデルは、目標の階層化を行ない、今までのモデルが批判されてきたダイナミックなフィードバックの欠如も考慮に入れている。これは、ＰＲ評価のフォーマティブな精神に基づいて、二つの異なるレベルで展開される。一つは、現状のキャンペーンの調整手段としてのフィードバックを行なうことであり、もう一つはあるキャンペーンから得られた教訓を、将来のキャンペーンの企画へとフィードバックすることである。

## ＰＲ評価の障害

ワトソンが英国のＰＲ実務家を対象に実施した調査と、バーバラ・バーンズがドイツで実施した調査などをもとに作成したのが**図Ⅰ-16**である。これはＰＲ活動における評価の障害に対する実務家の見方に関するマトリクスである。

図-16｜PR評価の障害／英国・ドイツ・多国籍企業の実務家調査ランキング（1=最高）

| 障　　害 | 英国 | ドイツ | 多国籍企業 |
|---|---|---|---|
| 時間不足 | 3 | 1 | 2 |
| 人手不足 | 特になし | 2 | 特になし |
| 予算不足 | 4 | 3 | 3 |
| 評価コスト | 2 | 3 | 4 |
| 有用性に対する不信感 | 特になし | 4 | 特になし |
| 知識不足 | 1 | 5 | 1 |
| 科学的手法への反感 | 特になし | 6 | 特になし |

ドイツのデータによると、人員不足がまた時間不足にもつながっている可能性があることを示している。調査は、フォーマティブなツールとして使われていないし、評価も「経験と勘」に頼って行なわれていた。

また、ワトソンは四つのケース・スタディを用いて、体系的評価に関する現実的制約と実務上の課題についての調査も行なっている。そのうち二つは、大規模な産業再開発と新しい街づくりの提案であるが、両プロジェクトにおける環境および開発関連の課題はあまりにセンシティブすぎて、住民の対応に関して事前調査を行なうことは現実的ではないことがわかった。そこで、産業再開発プログラムでは、コミュニティ・リレーション・プログラムを検証し、それを将来に向けて修正するための調査が行なわれた。またPRプロセスを持続的に行なうために、循環的フィードバック手法が用いられた。

第三のケーススタディは3ヵ月に及ぶ集中的なロビー活動で、結果を得る機会は一度きりのものであった。成功の証は、英国政府がプロジェクトに対して新たな予算を設け、この機関に対する危機が減少したことに求められる。長期キャンペーンとは異なり、この集中キャンペーンはすぐ目に見え、イエスかノーかという結果で示される成果をあげた。結果を評価する方法に、循環的フィードバック手法は必要なかった。

第四のケーススタディは、環境意識の高い地域における石炭火力発電所新設反対のコミュニティPRキャンペーンだった。結果は、公営企業による提案の失敗ということで測定され、同キャンペーンの有効性は、効果に基づく企画の価値と、戦術を見直すためにフィードバックを行なうことの価値を実証した。

これらのケーススタディは、短期間で集中的なロビー活動から、長期的に実施される産業開発や新規コミュニティのプログラムまで含んでおり、PR活動のさまざまなあり方を明らかにした。その結果、評価理論に対する新たな見方を加えることになった。ロビー・キャンペーンは、時間とお金（予算・経費）の不足という評価に対する障害を克服するため、単純なモデルが必要であることを指摘した。また、短期的には、イエス・ノーや勝ち負けといった単純な成果が、評価プロセスから求められることも示した。

**短期的なPR活動向けの評価モデル**は、勝ち負けの二分法に対応しなければならない。このタイプのPRキャンペーンの本質は、通常、目標は、認識に関係しているため、効果は生み出されない。期間が短いため、PR実務家は、態度あるいは行動上の効果を創出できないことになろう。

**長期プログラム**には別の特徴がある。それは、対象をセグメント化し、さまざまな戦略および戦術を用いて、ターゲット・グループごとに異なる効果を生み出すことを狙いとする。認知型キャンペーンは、メディア対応戦略を大きな特徴とするもので、メディアというフィルターを通してメッセージが伝達されたかどうかを評価する。長期プログラムは、メディア対応を最小限に抑え、ロビー活動やターゲット・グループとの直接対話を多用する。

したがって、報道分析に基づいた評価は、このようなプログラムにはあまり相応しくなく、継続的で長期的なアクションに適したモデルは、望ましい効果を考慮に入れ、それら効果と目標が達成されているかどうかを検証するものでなければならない。また、二分法的勝ち負けに答えを出せ、かつ、キャンペーン中に「継続か否か」に対しても答えを出せるものである必要がある。さらに、長期プログラムでは、より多様性に富んだ戦略と戦術が用いられることになるが、これらはプログラムの進捗状況に伴い、公式・非公式にモニターされなければならない。

要約すると、**メディア対応を中心とする短期認知型キャンペーンと、多様な戦略と戦術を要する中長期的プログラムという、まったく異なる二つのシナリオを判断するためには、異なる二つの評価モ**

**デルが必要である**ということである。

実務家に対する調査とケーススタディによれば、**ＰＲ活動の影響に関する研究を妨げる障害を取り除くためには、よりシンプルな評価手法が確実に必要となる。**従来モデルは評価が行なわれる際にＰＲ活動を停止するという、静態的な段階モデルであった。社内もしくは外部コンサルタントを使ったいかなるＰＲ活動も、このようにのんびり立ち止まり、検討することなどできない。ＰＲの評価モデルも、プレッシャーの多い世界で、コミュニケーションの動的な本質を反映しなければならない。

## 短期的プログラムと継続的プログラム

便利で動的な評価モデルの必要性を考慮して、次のような二つのモデルが提案されている。**短期的なスパンで、主にメディア対応に基づいたキャンペーンや活動に用いられ、早急に結果を求められる「短期モデル」と、メッセージを継続的に送信することを中心的戦略とし、一年以上の長期にわたる継続的な活動の後に成果が得られる、長期活動向けの「継続モデル」である。**

これらのモデルは、グラニグによるＰＲ活動の「四つの総括」とリンクしている。「短期モデル」は、対話やフィードバックを必要としないため、公共広報の一方向パターンに似ている。「継続モデル」は、より広範囲のコミュニケーション手段をカバーし、キャンペーンのモニタリングやメッセージ修正のためのフィードバックを必要とする、双方向非対称型および双方向対称型モデルに合致する。両モデルを図で表すと、**図Ⅰ-17**と**図Ⅰ-18**のようになる。

「短期モデル」は、直線的なプロセスを通じて成果を得る。これは、効果を測定することを目的とはせず、継続性がないために、フィードバックのメカニズムを持たない。一つか二つの戦略によって単純な認知目標を達成しようとするPRキャンペーンがその典型である。公共広報型におけるPR実務の一般的な例であり、製品サービスに関するニュースリリースのメディアへの配信などがこれにあたる。メディアに最も受け入れられやすい形で、情報や写真を提示する専門家の技術が必要となる。目標が達成されたかどうかは、メディア分析やセールス・レスポンス、ターゲット市場での電話調査などによって測定される。

「短期モデル」では、ターゲット層に合わせて選ばれた特定のメディアにおける報道量やメディアの適正さ、製品・サービスの魅力によって、現実的に設定されたセールス・レスポンスの数や電話調査や郵送による調査のような定量的手法に基づいて、目標が設定される。したがって、成功か失敗かの判断は、ターゲット層にメッセージが到達したかどうかで決まる。

このシンプルなモデルは、現実的な認知目標の設定と、それに相応しい戦略の選択に重点が置かれるため、さまざまなPR環境に適用できる。もし経営者が非現実的な目標を設定すれば、このモデルは、段階モデルや非公式の「経験と勘に頼る」判断と同じくらい不適切なものになってしまう。この

図-17｜ワトソンの短期モデル

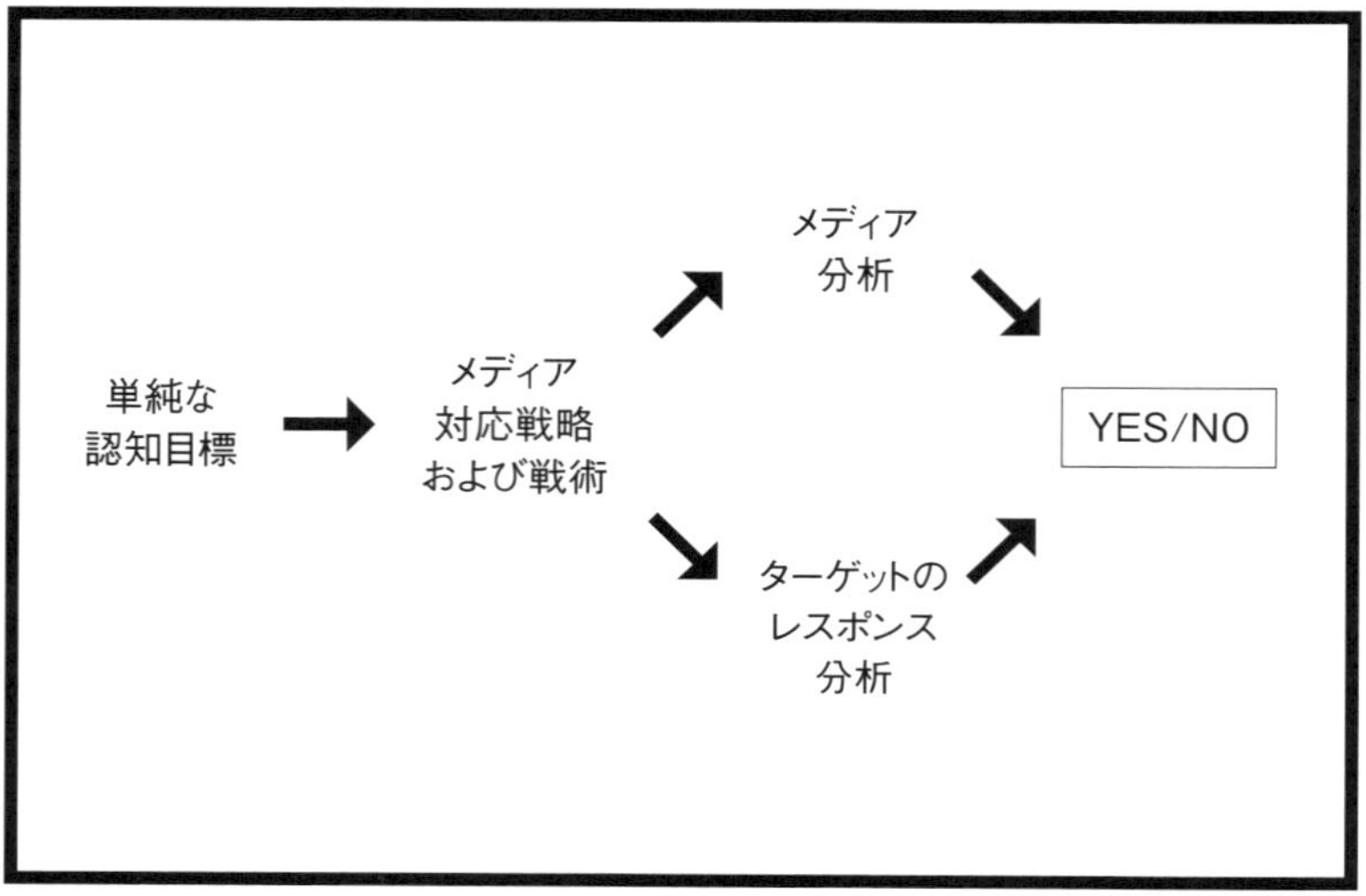


図-18｜ワトソンの継続モデル

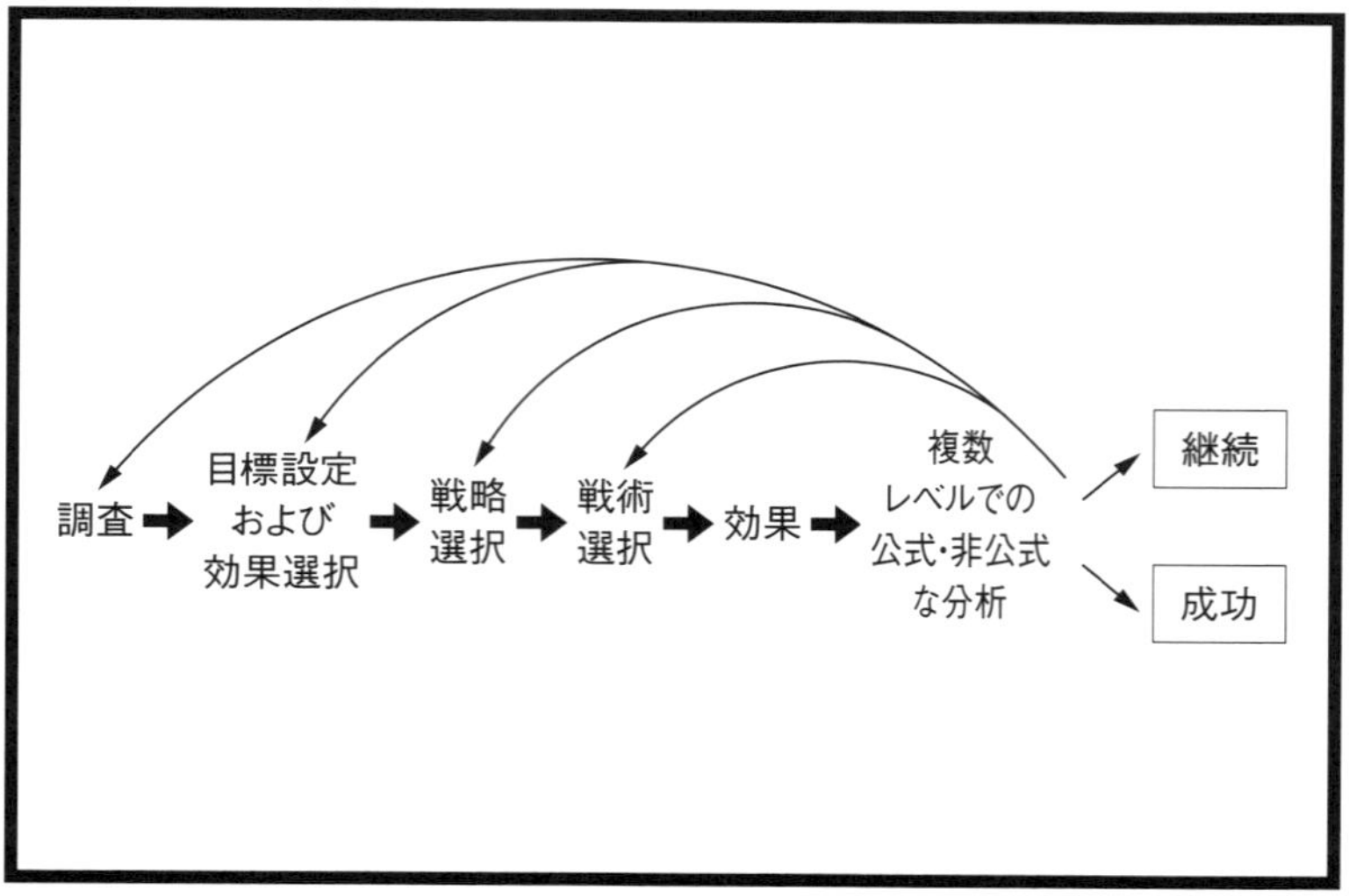

モデルの結果の出来不出来は、キャンペーンを計画する実務家のプロフェッショナリズムにかかっている。

このモデルはもともと長期的PR活動のために考えられたものであるが、常に変化する状況に対応する観点から動的モデルの必要性も認識されている。複数の長期的な計画目標を持った新しい定住構想や、計画許可取得という中期的目標や地元コミュニティとの関係改善という長期的目標を持った産業再開発のためのプログラムには、柔軟な評価モデルを必要としたのである。

「継続モデル」は、段階モデルにはなかった要素を提供している。すなわち循環的手法を用いているほか、プログラムによって生み出される効果を考慮している。さらに、「継続か否か」という判断を下す機会を提供する。これは、長期の問題処理型プログラムにおいては大切な局面である。「継続モデル」は、バンルーベンの効果に基づく企画手法の典型ともいえる。「継続モデル」のなかでこれらの原則を採用することによって、ダイナミックで継続的な評価プロセスが生み出される。なぜなら、一貫性を追い求めることは、モニタリングを継続することを意味するからである。

調査で検証された長期的ケーススタディによって、一貫性の追求は、PR実務家が抱える最も難しい課題の一つであることが明らかになった。効果に基づく企画を用いた「継続モデル」は、より統制のとれた手法であり、プログラムの要素をさらに厳密に定義し、事後評価を継続的モニタリングに置き換えることを可能にする。効果に基づく企画の一貫性により、データの正当性と信頼性が高められる。

「継続モデル」の各要素は、初期段階の調査、目標の設定とプログラム効果の選択、戦略および戦術の選択である。プログラムの進捗中に、複数レベルで公式および非公式の分析がなされ、それに基づいて「成功」か「継続」の判断が行なわれる。その判断は、循環的手法により各プログラム要素にフィードバックされる。これにより、望ましい態度あるいは行動上の効果を生み出す観点から、実務家が、初期調査を検証し、新しいデータを加え、目標と戦略を修正し、進捗状況をモニターできるし、戦術を修正することができる。このモデルは、特定のプログラム、またはある組織のPR活動全体に採用することができる、継続的なプロセスである。

## 応用の普遍性

適切な目標設定や、活動開始前の評価手法の合意といった、実務家の課題は別として、評価モデルは、フォーマティブな情報とサマティブな情報の両方を提供すべきである。その役目は、PRプログラムの最終段階にあるべきではなく、次の段階への新たな出発点、つまりキャンペーンにおいて戦略や戦術を調整するきっかけになるべきである。

「短期モデル」と「継続モデル」という二つのモデルは、評価モデルが普遍的解決策を提供できるのかという問いに対する答えとなるものではない。もちろん、どのモデルもそうである。というのもそれぞれのPRプログラムやキャンペーンは、異なる目標を持ち、企業や経営者の要請も異なるからである。データ収集や分析手法もさまざまなものが求められる。だが実務家は、この二つのモデルを使うことによって、企画と評価のフレームワークを統合し、それをすべてのPR活動に当てはめることができる。また目標が達成されたかどうか、望まれる効果が生まれたかどうか確認できる。

バンルーベンの効果に基づくPR分析は、応用理論に新たな価値を加えるものであり、実務家の間でもっと広く知られるべきである。「継続モデル」に効果要素を含めたのは、このアプローチを実際に実務で試した結果である。これらの要素は、循環的手法を特徴とする「継続モデル」の企画と評価形式を統合し、強化するものである。

ここで提案された二つの新しい評価モデルは、あらゆる環境で働くPR実務家に、動的な評価のフレームワークを明確に示すものである。これらは実証的調査に基づくもので、PR理論および実務の主流にある。多くの実務家がこれを利用することにより、PRを計測可能で有効なコミュニケーション活動に置き換えられる。

短期的で認知ベースのPR活動の比較的単純な点と、態度および行動の変化に関係する継続プログラムの複雑な点の双方を強調することによって、ワトソンのモデルは、評価に対する考え方を明確化するのに大きく貢献している。しかしながら、それらは、多様な3段階モデルに取って代わるというよりは、むしろ補完するものである。たとえば、ワトソンの「短期モデル」はリンデンマンのレベル2とうまく併存できるし、「継続モデル」のより複雑な業務はレベル3に相当する。

「統合モデル」と「短期・継続モデル」は、同じ現実に対して異なる見方をするという意味で競合関係にあるわけではなく、むしろ補完的な関係にある。たとえば、「短期モデル」はもっぱら認知ベースの目標に焦点を当てているが、これは、統合モデルでは影響段階に相当する。また、「継続モデル」はより高いレベルの動機および行動目標に関心を向けるが、これは統合モデルの効果および結果段階に当たる。これらのモデルは、PRプログラムの評価を行なうための詳細な処方箋となるものではない。評価は、複雑な問題であり、単純で明快な解決策があるわけではない。一方、有益と思われる評価テクニックを羅列すればよいというわけでもない。**本章で説明し、議論してきた評価の体系および分析手法の役割は、一つのフレームワークを提供することにある。これによって、実務家は、ある種の答えを導く洗練された分析手法をこの複雑な課題の解決に利用できることになる。**

### ❖インタビュー

評価というテーマが提起されると、マイク・グラナット(*)は、ちょっとした失望を感じる。議論されている割には、なにも行なわれていないのが現実だからである。グラナットは、なにも行なわれないことに対し、二つの理由を示している。第一に、多くのPR実務家の視点は、短期的な

*マイク・グラナット　前英国政府情報コミュニケーション・サービス長官。

ものであることである。「たいていの場合、評価は、差し迫った事柄を扱っていない。その結果、多くの人にとって直感的に受け入れにくいものとなっている」。彼は「社内の実務家の上司は、ある種の『深い』評価よりもむしろすぐ目に見える結果を望む」と厳しく批判している。

グラナットによると、評価に関する二つ目の問題は、実際に使われているテクニックにある。彼は、掲載記事面積に基づく評価を「まったくムダである」と切り捨てる。戦略がうまく実施されたかどうか、なにか有益な目的が達成されたかどうかについて、受け手とどのような相互作用が行なわれたのか、なにも示していないと主張する。

グラナットは、「戦略」という言葉に強く引きつけられている。「自分たちの戦略を知らずに、評価を行なうことはできない。ビジネス戦術において、戦略はなにか遠くにある立派なコンセプトのように見えるかもしれないが、正しい戦略を持つことは絶対的に重要である。戦略がきちんとしていなければ、いったいなにを評価するというのか」。

彼は、評価はプログラムの最後に来るものではないと指摘する。最初に考えるのがキャンペーンの目的であるが、実は評価の価値は、まさにこのときに考慮されなければならない。ターゲット層をセグメント化し、彼らに求める反応について考え抜くことによって、キャンペーンを有効に評価する指標を見つけることができる。

グラナットは、キャンペーンの影響を評価する際に本当に重要なのは、受け手を理解することであると感じている。時代遅れの「どんなパブリシティもすべて良いパブリシティである」といった考えを切り捨てたうえで、戦略的目標は何かを明確に理解するとともに、報道における変化の考察、注意深い報道分析によりなにがポジティブ、ネガティブまたはニュートラルで、それぞれなぜなのかということを考えるものである。これこそが重要な点であるとグラナットは主張する。というのも、これにより受け手が得たであろう知識と、彼らの反応がどのようなものになるかについて判断できるからである。

しかしながら、彼はさらに一歩前に進み、多くの実務家がまだアウトプットから成果の段階へ移行していないと指摘している。つまり彼らは、ベンチマークとしてメディア報道を利用する方法から、受け手の行動や意見に変化が見られたかどうかを測定する方法へと進んでいないとする。より洗練された評価の利用者とはどのような人かと問われたとき、彼ははっきりと「調査に基づいたアプローチを採り、進んでそれに投資しようという人」であると述べた。大きな問題は、評価が不合理な出費であると見られている点である。さらに、彼は、広告キャンペーンは、コストがかかるという理由だけで、念入りに評価・調査される、と指摘する。実務家はPR活動のほうがよほどコストに見合うと主張するが、皮肉なことにこれを裏づけるには投資が必要である。

グラナットは、キャンペーンのプロセスを評価することと影響の評価の間に、違いがあるとしない。「もしも単純にキャンペーンの最後に評価を行なうとしたら、たとえそれが世界で最短のキャンペーンだったとしても、そのキャンペーン実施中に実際に起こっていることに目をつぶっていることになる。自分が最初に企画したときにベースとなった環境に手を加えなければ、いかなるアクションも取ることはできない。事態が変化するなかで評価を行なわないとすれば、自分がなにかを達成しているのかどうか、好機を逸しているのかどうか、あるいは事態が悪化しているのかどうかさえ見えないことになる」。

結論として、彼は再び自分の戦略テーマに戻る。「戦略なしでも簡単に評価はできるが、それでは意味がない。評価なしでも簡単に戦略は立てられるが、その成果は立証されない。戦略と評価は表裏一体である」とグラナットは締めくくる。

### ❖PR実務家への質問

**質問：年間予算あるいは主要キャンペーンにおいて、通常どれくらいの予算を評価に充てるか？**

●5%。（アリソン・クラーク）

●平均をとっても意味がないほど、あまりに幅がある。重要な点は、PRプログラムを成功へと導く

土台を明確にし、確実に達成できるようキーとなる判断基準を設けることである。(クリスピン・マナーズ)

●目安は10％だが、予算が最終承認されるまでに、クライアントがしばしば引き下げる。(ロレッタ・トービン)

●残念なことに、多くのクライアントにとってこの問題は議論にもなっていないが、いずれにせよわれわれとして内部評価は行なう。(レイ・マウェレラ)

●現実的に、評価に充てられる金額は5％をはるかに下回るであろう。(マイク・コプランド)

●幅があるが、おそらく予算の10～15％の間ではないか。(マット・クチャルスキー)

●費やす時間を考えると高価であるが、一般的にはほとんど経費はかからない。(リチャード・オファー)

第6章

# 報道分析のポイント

Developing a media evaluation system——メディア評価システムの開発

**＊バランス・スコアカード**　カプランとノートンにより開発された戦略的な経営管理手法であり、組織がそのビジョンと戦略を明確にしたうえで行動を起こすことを提唱している。企業経営のビジョンと戦略を①財務の健全性、②顧客満足度、③社員の教育と能力の向上、④社内のビジネスプロセスの四つの側面からそれぞ（↖）

## 簡明なメディア・モニタリングシステムの構築

ＰＲ活動が成功したかどうかを測る伝統的な方法は、大量の切り抜き記事や放送されたものを集め、蓄積することであった。分厚い紙の上に貼り付けられた切り抜きは、プログラムやそのプロセスの成果を示すものと見なされてきた。これは、航空飛行になぞらえれば、一つの機器だけを頼って他のすべてを無視することと同じである。カプランとノートンは、その著書『バランス・スコアカード(＊)』のなかで、このことに触れ、「飛行速度計だけを使って燃料計や緯度計や他の機器を無視する操縦士がいるということを聞いたら、あなたは二度と飛行機には乗らないでしょう」と結論づけている。つまり、**ＰＲ実務家にとって重要なことは、目標に対する進捗状況をチェックしながらプログラムを誘導することである。**しかし、多くの担当者は切り抜きのコレクションだけをいわゆる成功の指標としている。悲しいことに、クライアントや経営者も往々にして同じ判断をしているのである。

**ＰＲ担当者は、コミュニケーターであり、分析家、戦略家、戦術家でなければならない。**また、流動的な環境のなかで常に判断を下さなければならない。「直感」と場当たりのフィードバックは役に立つこともあるが、正確な判断を下すためには、しっかりとした企画と妥当で信頼できる情報が必要である。

そのうえで、まずわれわれは、測定可能なPRの目標を設定することが肝要である。

第1章のPRの定義のところで説明したように、PRは「経営機能」である。すなわち計画的で、体系的で、常にチェックを受けるプロセスであり、メディアに取り上げられたことを数え上げることとはまったく異なる。目標とは、プログラムの意図を示すものであり、プログラムには、対象とする読者・視聴者、伝達されるメッセージ、使われる媒体、期待する反応などといったことがきちんと位置づけられなければならない。**PRが説得力のあるプロセスとして評価されるためには、測定可能な目標が必要であり、さもなければ場当たり的な情報発信活動になってしまう**（第8章を参照）。

リンデンマンのPRに関する指標（詳しくは第5章で解説）は、3段階にわたる評価プロセスを提唱するものであり、①アウトプット（産出結果）、②アウトグロウスもしくはアウトテーク（中間的成果）、そして③アウトカム（成果）と名づけられた。単純なメディア・モニタリングシステムに適切な指標はアウトプットであり、それはPR活動の産出量を測るものである。読者・視聴者の反応や態度の変化を測るものではない。

アウトプット分析は、メッセージがどこでメディアに取り上げられたか、どのようなトーンと内容で取り上げられたか、数量的にどの程度取り上げられたかを測定するものである。この時点で、報道分析の限界を認識することが重要である。というのは、この方法ではメッセージが、ターゲットに与えた影響を判断できないからである。ターゲットに対するさらなる調査が必要となるが、実際には記

(↙)れのバランスをとって評価するものであり、相互間の情報のフィードバックを継続的に行ない、チェックすることで目標を達成する経営手法である。

事に対する手紙、電話、売り上げ、資料請求や訪問といったインフォーマルな情報から部分的には判断できる。しかし、報道分析は、体系的に、継続的に行なわれるべきで、全体の評価プロセスの一部となり、また目標に沿ったものでなければならない。

簡明なメディア・モニタリングシステムを作るプロセスは、いってみれば事務的な作業であるが、最初のセットアップのほうが、その後の定期的な分析よりも時間がかかる。素材は、記事の切り抜きや放送されたものの記録であり、担当者がメディアをモニターすることによっても、ＰＲエージェントや放送モニター会社によっても集められる。これらはオンライン情報サービス会社による単語やトピックの検索、またインターネット検索エンジンによる記事閲覧によって補完できる。

システムを立ち上げ、そこから得られる情報をフルに活用するには、次の六つのステップがある。

1. 目標を決める
2. 判断基準を決める
3. ベンチマークを選ぶ
4. 測定ツールを選ぶ
5. 結果を目標と比較する
6. キャンペーンを修正する

ここでいう目標には、メッセージの露出の程度や伝達の範囲、ターゲットとする人びとへの浸透度、販売促進のためのクライアントリストの創造(*)、競合他社や特定の問題に対するPR上の影響力(*)、またはプログラムで設定される他の事項を含むことができる。判断基準を選ぶ際には、米国のデラヘイというメディア分析コンサルティング企業によって提唱された、誤解を生じやすいが便利な**IMPACT**という考え方を利用できる。それは三つの判断基準を示している。

■**影響やトーン**（Influence or tone）
■**伝達されるメッセージ**（Message communicated）
■**扱いの大きさ**（Prominence）
■**読者・視聴者の範囲**（Audience reached）
■**引用されたコンサルタント・スポークスマン**（Consultant/spokesman quoted）
■**記事のタイプ**（Type of article）

**重要性の順番から考えると、「伝達されるメッセージ」、「読者・視聴者の範囲」、「記事のタイプ」、「引用されたコンサルタントもしくはスポークスマン」、「影響やトーン」、「扱いの大きさ」ということになる。**

***販売促進のためのクライアントリストの創造（原文ではsales lead generation）** Lead generation は、マーケティング用語で、企業間あるいは企業と消費者との間でウィン・ウィンの関係を構築する手段として定義される。顧客を導きだす手段、ビジネスを先導する手段とも解される。単純にいえば、製品（↙）

（↙）の購入を望む企業あるいは消費者を探しだし、必要とされる製品を販売するという考え方である。伝統的な広告や見本市といったものもそうであるし、最近では、インターネットによる顧客の創造がその範疇に含められている。その結果、米国では、オンラインで販売対象となる顧客を探したり、面談の仲介をしたり（↖）



これらの要素のなかで最も疑問なのは「扱いの大きさ」である。第2章で扱ったマクガイアの「コミュニケーション・説得のアウトプット分析」に見られるように、人間が情報を見て記憶する方法は必ずしも単純ではない。したがって、必ずしも目立つページに書かれた最も大きな記事や、ニュース番組で最初に放送された情報を記憶するとは限らない。実際、活字媒体で最もよく読まれる箇所は「穴埋め記事」や簡潔で短くまとまった日記風のページだったりする。

判断基準を選んだら、次はメディア報道のベンチマークを設定し、どのように反復的に分析を行なうかを決定する。有効なベンチマークを設定するためには、過去12ヵ月のメディア報道を調査し、同じプロセスを3ヵ月か6ヵ月ごとに繰り返すことが必要である。いったんベンチマークの設定という難しい作業が終われば、期間ごとの比較はずっと短い時間で済むし、同じ方法を繰り返し使うことができる。

### 報道分析のポイント

1. どこに、どのような頻度で報道されたか。
2. どのジャーナリストの署名か。
3. 報道のトーンは？　各記事を0から10まででランクせよ。0は完全に否定的、5は中立的、10は

**完全に肯定的。**

**4. どの製品・サービス・問題について報道されたか（どこで、どのような頻度で）。**

**5. 主要な競合他社の報道。どこに、どのような頻度で。**

**6. 報道を、穴埋め、中規模、大規模に分類せよ。写真が使われたかどうかを示せ。**

**7. 報道が伝えた重要なメッセージとは何か。**

妥当な情報を得るには、プロジェクトもしくはプログラムマネジャーは、報道のトーンや好感度を個人的に判断したり、メディアが伝えたメッセージを個人的に解釈したりすることは避けるべきである。もしマネジャーやその人に親しい同僚が分析を行なった場合、「観察者バイアス」が生じる可能性が大きい。つまり、彼らの助言や彼らの望む結果を支持するような肯定的なメッセージを取り出し、否定的なフィードバックを無視することになるからである。最も効果的なやり方は、**独立した読者委員会を作り、切り抜きや放送の記録を見せて、彼らの客観的な意見を得ることである。**読者委員会は同じ組織の同僚やコンサルタント会社の人間ではなく、外部の第三者でなければならない。報道素材は、委員の少なくとも3人に、形式に従って分析してもらうよう配布されるべきである。このようにすれば、主観的な解釈は減らすことができ、共通の土台に従って分析が行なわれ、実務家は妥当なフィードバックを得ることができる。

（↙）するサービスが増えている。

**＊PR上の影響力（原文ではshare of voice）**　ある会社が、コミュニケーションの量に関して、競合他社と比べてどの程度の割合を有しているかを示すもの（↖）

(↙)として、通常定義される。ただし、この指標については、たとえば、広告の量さえ多ければよしとするのかという疑問が呈されている。

読者委員会を作る方法はさまざまである。委員会は、報告書によって管理することができるし、切り抜き記事などの素材は実務家と共有することで分析結果を照合することもできる。または独立した専門家に送って解釈してもらうこともできる。普通は、委員は非常勤で自宅で作業をすることになるが、それは、便宜上そうなるということで、方法論的にそのほうが重要ということではない。

簡明なメディア分析で得られた情報を解釈し、それに従って行動を起こす際に、避けなければならない最後の落とし穴は、「代替ゲーム」である。報道分析により、メッセージの伝播状況、その受信先、そしてメディアによる解釈（アウトプット段階）について理解はできるが、読者・視聴者への影響について知ることはできない。影響をアウトプット分析から導き出すと、つまり代替させると、プログラムを不正確に修正したり、新しいプログラムを準備しなければならなくなる。これまで述べてきたように、影響度は、対象とする読者・視聴者に対する情報伝達チャネルではなく、彼ら自身を調査することにより判断されなければならない。

要約すると、**簡明な報道分析は継続的で客観的なものであるべきである。読者委員会を除いては、内部の資源を活用することができ、費用をかけなくとも済む。得られる情報はプログラムのアウトプットに限られるが、うまくやっているかどうかの全体像を得るためには、影響度を調べるほかの方法とリンクさせることができる。**

## シンプルな報道分析システムの例

### ◉判断要因

■記事の出た媒体と頻度

（頻出する媒体にはイニシャルを使う）

■署名のあるジャーナリストの名前と媒体を列記する。

■記事のトーンを1から10までで判断する。

（1＝完全に否定的　10＝完全に肯定的　5＝中立的）

■記事に含まれる重要なメッセージを一文で書く。

（別紙を使う）

■記事の大きさは小（穴埋め）か、中（平均5パラグラフぐらい）か、大（大きい）かどうかを見極める。

（小＝F《Filler》　中＝M《Medium》　大＝L《Large》）

■記事のなかで言及された企業のPR担当者の名前

■もし、記事のなかで競合他社もしくは敵対する社が含まれている場合、それらの社名と登場頻度を列記する。

手作業による事務的なメディア評価システムは、簡明で、非常に低コストであり、報道のボリュームが少ない場合には適用できるが、報道の量が増えると頻繁に報告することが必要となり、使いにくいものとなる。これを解決するものとして、オーストラリアのマスコム社が、「コモーディット」といったソフトウェアパッケージを販売している。「コモーディット」は、世界のほとんどの市場において入手可能であり、会社や国際的なコンサルタント企業により、メディア報道の評価を行ない、示唆に富みかつ魅力的なレポートを作成するために使われている。

ほかには、マイクロソフト社のエクセルに代表されるようなスプレッドシート・ソフトを使うこともできる。スプレッドシート・ソフトは、さまざまな経営者やクライアントのニーズ、そしてキャンペーンの状況に合わせて使いやすいものとすることができる。その一番の技術は、データについてマクロ（数学的方式）を作り、操作することができることにある。例としては、英国のウィンチェスターにあるホールマーク・パブリック・リレーションズ社というコンサルタント会社により開発された**アプレイズ・システム**がある。このシステムは、数年間にわたって実際に使用されてきており、一流の専門サービス企業、政府機関、不動産会社などが利用している。

**このシステムの基本は、コンサルタント企業とクライアントが協力して、彼らがメディアに伝えたいメッセージを六つまで選ぶことにある。**メッセージの数はいくつでも選ぶことができるが、**一つのキャンペーンにおいて、読者・視聴者が3から6以上のメッセージを理解し、記憶することは難しい**

**図-19** | 実際の金融サービス企業におけるメディア分析報告書

クライアント企業のメディア分析「ザ・ソサエティ社」
（期間修了までの12ヵ月間）

**1. ザ・ソサエティ社に関する記事が登場した媒体**

〈全国紙〉

| | | |
|---|---|---|
| フィナンシャル・タイムズ | 1 | |
| ガーディアン | 1 | |
| インディペンデント | 1 | |
| サンデー・エキスプレス | 1 | |
| サンデー・テレグラフ | 1 | （計5回） |

〈地方紙、週刊紙、ビジネス雑誌〉

| | | |
|---|---|---|
| サザン・デイリー・エコー | 9 | |
| ボーンマウス・デイリー・エコー | 4 | |
| ダービー・イブニング・テレグラフ | 3 | |
| ゲートウェイ | 2 | |
| ハンプシャー・クロニクル | 2 | |
| アイル・オブ・タネット・ガゼット | 2 | |
| リン・ニュース・アンド・アドバタイザー | 2 | |
| ニューマーケット・ジャーナル | 2 | |
| ベイシングストーク・ガゼット | 1 | |
| バーミンガム・ポスト | 1 | |
| ビジネス・サウス・ウェスト | 1 | |
| コースタル・エキスプレス | 1 | |
| コルチェスター・イブニング・ガゼット | 1 | |
| ドーセット・イブニング・エコー | 1 | |
| ダンモウ・ブロードキャスト | 1 | |
| イースト・アングリアン・デイリー・タイムズ | 1 | |
| イブニング・ヘラルド | 1 | |
| グリムジー・イブニング・テレグラフ | 1 | |
| ハーロー・アンド・エピング・ヘラルド | 1 | |
| ケンティッシュ・エキスプレス | 1 | |
| リーク・ポスト・アンド・タイムズ | 1 | |
| マンチェスター・イブニング・ニュース | 1 | |
| ミッドアングリア・ビジネス・ウィークリー | 1 | |
| ノーサンプトン・ジャーナル | 1 | |
| リーディング・クロニクル | 1 | |
| ロムフォード・アンド・ハバリング・アドバタイザー | 1 | |
| ロムフォード・アンド・ハバリング・ポスト | 1 | |
| タムウォース・ヘラルド | 1 | |
| ウェスタン・ガゼット | 1 | |
| ウィンチェスター・エキストラ | 1 | （計48回） |

（次ページに続く）

図-19（続き）

〈金融専門媒体〉

| | | |
|---|---|---|
| フィナンシャル・アドバイザー | 1 | |
| インベスターズ・クロニクル | 1 | |
| マネーマーケティング | 1 | |
| ポストマガジン | 1 | （計4回） |
| 合計 | | 57回 |

**2. 署名記事を書いたジャーナリスト**

ジェニー・アンドリュース（コルチェスター・イブニング・ガゼット）
アン・カボーン（シック）
マイケル・フリーマン（サザン・デイリー・エコー）
マーティン・フォード（イブニング・ヘラルド）
ショーン・マクドナー（ガーディアン）
ビンセント・ランガン（グリムズビー・イブイング・テレグラフ）
ヘレン・プリドハム（インベスターズ・クロニクル）
ジェームス・セドン（マンチェスター・イブニング・ニュース）

**3. 報道のトーン（1＝完全に否定的、10＝完全に肯定的、5＝中立的）**

10点中6.6点 — 中立的より肯定的で、平均値である5を大きく上回っている。リーディング・クロニクルとロムフォード・アンド・ハベリング・ポスト(2回）の3記事は、例外的に高い10点満点中10であった。いちばん低い4点のついた記事は、インディペンデント紙とポスト・マガジン誌に見られた。

地方メディアの報道は6.8点で、48記事サンプルから得られた数字としては非常に肯定的である。スコアは5点から10点までに分かれたが、中立的スコアを下回るものはなかった。

全国メディアの報道は、10点中5.8点で、5本の記事のうち、4本が5点から8点までに分かれていた。

数が少ない金融メディアの報道では、中立的をかすかに上回る5.25点。4本の記事は4点から6点までの狭い間にランクされた。

**4. 報道のボリューム**

穴埋め　39パーセント
中規模　39パーセント
大規模　22パーセント

**5. クライアント企業のPR担当者**

ボブ・アンダーソン
ジョン・ポラード
リチャード・ムアクロフト
ロッド・ページ
レッグ・ダーリントン
ビル・ハイソム

（次ページに続く）

図-19（続き）

**6. ザ・ソサエティ社と同一の記事で言及された競合他社**

| | |
|---|---|
| トラベラーズ・フレンドリー・ソサエティ | 7回 |
| エバートン・アンド・シェフィールド | 5回 |
| コルチェスター・ユナイテッド・フレンドリー・ソサエティ | 4回 |
| リーディング・エクイタブル・フレンドリー・ソサエティ | 1回 |

**7. ザ・ソサエティ社についてメディアが伝えたメッセージ**

（製品や業界に関するコメント）

・共済組合業界のなかでザ・ソサエティ社は多くの商品を揃えている
・ザ・ソサエティ社が葬儀プランを発売
・ソサエティ社が前払い方式の葬儀プランを検討中
・ソサエティ社の家族収入プランの概要
・家族収入共済の説明（別々の記事3本）
・社長が新労働党の提案に合致すると説明
・会長が福祉における共済組合の重要な役割について発言
・低コストの疾病プランを提供

（コミュニティ関連）

・車椅子対応のため、学校に500ポンドを寄付
・ザ・ソサエティ社がサウス地区の不動産市場回復のため投資
・放火によって損壊した医療機器を新製品に代替
・救世軍に500ポンドを寄付
・メディカル・トラストが100ポンド受領
・スカウト団が閉鎖をまぬかれる
・バクストン・カテードラルで会議を開催
・外科病院がソサエティ社のおかげで新機器を入手
・フットボールチームがソサエティ社から新しいユニフォーム入手
・救急医療医師団に小切手進呈

（クライアント企業への守秘義務のため、名前は変えてある）

と考えられるからである。これらのメッセージは、企業の目的、製品の宣伝、主要コンタクト先の情報（ウェブサイトや電話番号）などと関連づけられる。

ターゲットとなるメディアを設定し、次に、印刷物、放送、インターネット・メディアなどの定期的なチェックによってモニターを行なう。データ入力は事務的な仕事だが、データの分析が価値をもたらす。

アプレイズ・システムは、否定的なコメントや競合他社の反応などその他のメッセージも収集することもできる。また、報道へと導いたメディア対応活動、クライアントについて記事を書いているジャーナリスト、メディアに引用された企業のPR担当者、印刷物や放送媒体にどのように取り上げられたかといったデータを集めることもできる。

典型的なアプレイズ・システムによる分析フォーム（**図－21参照**）には、次の項目が含まれる。

日付、見出し、媒体名、媒体の種類、掲載・放送箇所、OTS（目に触れる機会）、1から6までのメッセージ、代替的メッセージ、媒体への働きかけ、PR担当者、記者・著者名、対象読者・視聴者、記事の掲載面、視覚的インパクトと分析者によるコメント用余白である。

このデータを使って、図と文章によって次のような情報を提供することができる。

■対象メディアごとの記事の数

■メッセージごとの目に触れる機会
■メディア対応の活動ごとの目に触れる機会
■キーメッセージが取り上げられた回数
■メッセージごとの報道トーン（マイナス5点から5点までの範囲で）
■記事の掲載ジャンル
■メディアの見出しごとの記事の数
■記事の配置
■記事の視覚的なインパクト

ホールマークPR社のスティーブ・ブラウン部長は、継続的にメディア分析を行なうという目的からすると、アプレイズ・システムは、コンサルタント会社やそのクライアントが、キャンペーンや短期的プロジェクトの進捗状況をモニターするのに役立つたくさんの情報を与えてくれるという。「レポートを定期的に作ることにより、伝えたいメッセージが、ターゲットとするメディアに届いているかどうかを知ることができる。もし届いていなければ、メッセージを修正するか、あるいはさらなる努力をすべきかを決定することができる。反対に、もしメッセージがメディアに受け入れられているのであれば、新しい課題に取り組むことができる」。

**図-20**｜アプレイズ - 分析のカギ

| | |
|---|---|
| メディアの種類 | 放送か紙媒体か、全国規模か地方規模か、業界系か消費者系か |
| 報道分野 | 報道されたジャンルは？ ニュース、特集、健康、経済、読者投稿、案内広告など |
| 露出機会 | 出版部数/番組の視聴者数×2.5＝平均読者・視聴者数 |
| キーメッセージ | 報道物それぞれについて、メッセージのトーンを、−5から＋5までの間で示す。報道のなかで取り上げられなかったメッセージについては空欄にして残す |
| その他のメッセージ | キーメッセージとは異なるメッセージがあれば示す |
| メディア対応活動 | 報道を促した活動を示す（プレスリリース、キャンペーン開始イベント、電話など） |
| スポークスマン | 誰が引用されたか |
| 記者・著者 | 署名はあったか |
| 読者・視聴者の範囲 | 誰に届いたか |
| 記事の配置 | 以下のコードを使ってその位置を示す<br>10：1面、DPS（見開き2ページ）、中央のページ<br>9：2面、3面、特集（記事）<br>8：4面から9面<br>7：10面（中央頁）<br>6：裏面、コラムニストのコメント<br>5：編集者のコメント、中央から後半の頁<br>4：読者投稿<br>3：地域・コミュニティニュース面<br>2：紙面後半の頁<br>1：穴埋め |
| 視覚的インパクト | A － 全頁（見開き2ページ）<br>B －4/3頁<br>C －1/2頁<br>D －1/3頁<br>E －1/4頁<br>F －1段<br>G －1/2段<br>H －1/3段<br>I －1/4段<br>J － 数行 |

**アプレイズ・システムは、記事の配置をモニターするが、それに価値をつけることはしない。**ホールマークPR社によれば、価値をつけるには洗練された演算法の開発が必要であり、1面の記事と10面の記事が異なった価値を持っているかどうかについては依然、議論のあるところである。スティーブ・ブラウンは、コミュニケーションの心理学によると、読者一人ひとりは、それぞれに情報を理解し、記憶すると述べている。「**1〜2センテンスの短い穴埋め記事が、1面のトップ記事と同じぐらいのインパクトを持つことがある。それは読者がどのような情報を必要としているかによるからである。メディア分析システムではそれを示すことはできない**」。

同じ原理に基づいているが、もっと複雑なシステムもある。それは、分析のための判断基準・変数の選択の幅を広げるものである。その結果、必要とされるアウトプットを導くためには、判断基準などを「定義」することがますます複雑になるが、アウトプットは棒グラフや、線グラフ、円グラフなどの形で数値化される。

以下に述べる「次元的」な方法論は、手作業でも実施することができるが、理想をいうならばデータベース・ソフトウェアによって自動化したほうがよい。大事なのは、有益かもしれない情報をすべて取り込むことと、処理に時間をかけすぎて退屈な仕事にしてしまい、結局は、徒労に終わることとの間でうまくバランスをとることである。

**メディア評価に関して注意しなければならないのは、「代替ゲーム」を避けること、すなわちアウ**

**トプット分析を影響度分析に代替させないこと**であり、このことは次元的な方法論にも同様に当てはまる。次元的方法論が比較的洗練されたものであるといっても、メディア・モニタリングに関することに変わりはない。したがってアウトプットに関してのみ評価しており、プログラム、キャンペーン、そしてPR活動の影響度には、直接関係ないものである。

**図Ⅰ-19**のケーススタディは、取り込まれたデータとアウトプットについて示している。これは、社内のメディア評価システムのために使いやすくしたもので、次元的方法論を使って開発されたものである。守秘義務の観点から匿名にしたこの例においては、サマティブよりもむしろフォーマティブな評価に重点を置いており、このほうがメディア評価に適している。

担当部門がメディア評価から最大限の利益を引き出すことができたのは、評価の重要な鍵となる真に使いやすい方法を設計する能力があったからである。担当部門は、メディア評価を、自分たちの活動の価値を組織全体に対して正当化するために使おうとしていなかった。そうではなく、日々のメディア対応活動のマネジメントを向上させ、微調整するため、自分たちのPRに対するフィードバックを求めていたのであった。

したがって、たとえば、重要なアウトプットは、さまざまな活動（たとえばプレスリリース）によって創出された報道の相対的ボリュームである。これを、この活動を続けるのに必要な、いわゆる時間とコストという資源と結びつけると、担当部門にとってどのような活動が最もコスト効果が高かった

**図-21** | アプレイズ評価レポートのサンプル1

| 日付 | 見出し | 媒体名 | 媒体の種類 | 掲載・放送箇所 | 目に触れる機会 |
|---|---|---|---|---|---|
| | | | | | |
| | | | | | |
| | | | | | |
| | | | | | |
| | | | | | |
| | | | | | |
| | | | | | |
| | | | | | |
| | | | | | |
| | | | | | |

**図-21** | アプレイズ評価レポートのサンプル2

| 見出し | メッセージ1 | メッセージ2 | メッセージ3 | メッセージ4 | メッセージ5 | メッセージ6 |
|---|---|---|---|---|---|---|
| | | | | | | |
| | | | | | | |
| | | | | | | |
| | | | | | | |
| | | | | | | |
| | | | | | | |
| | | | | | | |
| | | | | | | |
| | | | | | | |
| | | | | | | |

**図-21**｜アプレイズ評価レポートのサンプル3

| 見出し | 代替的メッセージ | 媒体への働きかけ | PR担当者 | 記者・著者名 |
|---|---|---|---|---|
| | | | | |
| | | | | |
| | | | | |
| | | | | |
| | | | | |
| | | | | |
| | | | | |
| | | | | |
| | | | | |
| | | | | |

**図-21**｜アプレイズ評価レポートのサンプル4

| 見出し | 対象読者・視聴者 | 記事の掲載面 | 視覚的インパクト | コメント |
|---|---|---|---|---|
| | | | | |
| | | | | |
| | | | | |
| | | | | |
| | | | | |
| | | | | |
| | | | | |
| | | | | |
| | | | | |
| | | | | |

のかを判断することが可能になる。同様に、さまざまなメディアからのフィードバックにより、たとえば、比較的好意的なコメントを得ることにより、メディア対応活動の重心をどこに持っていけばよいかがわかる。

## メディア評価の次元モデル

メディア評価（報道分析）とは、アウトプットの評価であり、具体的にはメディアに示されたメッセージの数、目標に賛成するメッセージの数、メッセージを受け取る（もしくは受け取る可能性のある）人の数を計ることである。われわれはこれまで何度もメディア評価の限界について、特に代替ゲームについて繰り返し懸念を表明してきたが、それでもなおメディア評価には重要な役割があることを強く感じている。

しかし、メディア評価にはその役割を果たすうえで、限界があることを理解すべきである。メディア評価は、PRプログラムの結果ではなく、アウトプットに関係しているため、これらの結果の質を向上するためのフィードバックとして使うことは可能である。また、われわれがアウトプットと結果の関連性をきちんと認識し、結果を直接測ることが不可能もしくは現実的でない場合に、メディア評価を利用できる。注意深く、かつ慎重に使うことで結果を推測することができよう。

ここで**読者委員会**を利用することについての重要な点に触れたい。読者委員会において、メディア評価が、「われわれの仕事はどうだったのか」といったサマティブな判断を下す形で使われるのであれば、すでに述べた理由によって意味がある。しかし、目的がフォーマティブである場合、つまりプログラムを継続的に実施するための微調整のために、フィードバックが必要となる場合には、プログラムの運営実務家自身がメディア分析を行なってもよいであろう。

メディア評価には以下の問いがなされなければならない。

- **報道は肯定的か、中立的か、否定的か。**
- **メディアは、われわれの重要な企業メッセージを伝えているか。**
- **どのジャーナリストあるいは媒体がわれわれを好意的に報じているか。**
- **われわれの成果である報道の情報源は何か。**
- **われわれの仕事は競合他社に比べてどうか。**
- **メディアの報道はよくなっているか、悪くなっているか。**
- **われわれの組織に影響する新たな問題は何か。**

ＰＲ部門にとって有益となる分析のタイプは、関係する組織ごとに異なる。次元的モデルは、最初にカスタマイズされたレポートを決め、次にそれらがどのように作成されるかを決めるというメディア評価方法である。

したがって、すでに述べたようなメディア・モニタリングシステムとは対照的に、次元的な方法論とは、実務家が自分たちのシステムを構築することができる方法である。これは、それ自身がカスタマイズされた、一歩一歩の手続きではなく、カスタマイズされたシステムがなかに入っている構造である。ケーススタディにこの次元的方法論を用いて構築されたシステムの例を示す。

次元的な方法論とは、基本的には、異なるクライアントや組織に特有のニーズに合わせて、実務家が独自のシステムを構築するものである。これはつまり、ワトソンの示すように、メディア評価のこれからの方向は外部で設計され、内部で運営されるシステムの構築ということにあるといえることかもしれない。

## ◉量的な軸（図—22）

次元的なメディア評価モデルは四つの軸を持つ、四つのセットから構成される。四つの軸とは、「量的な軸」、「質的な軸」、「焦点軸」、そして「時間軸」である。量的な軸は、マクナマラのマクロ・モデル（第5章参照）と関連している。

切り抜きの数については、説明する必要はないと思うが、これには放送メディアの記録が含まれることに留意してほしい。**出版と放送の報道を統合された形で処理することが望まれる。**これには、まず放送報道を筆記録によりモニターし、その報道のボリュームを単語数に変換する。次いで、相当するコラムセンチメートル(＊)で表記する。読者と視聴者数も、比較可能であると考えられる。

**◉質的な軸（図Ⅰ―23）**

質的な軸は、量的軸という〝骨〟に〝肉〟をつけていく作業である。読者数や視聴者数のうち、ターゲットとする市場に該当する部分だけを勘案したほうがよいかもしれない。属性とは、言及されたある名前が報道のなかでどの程度の重みを持っているのかを測ることで、ある名前の、記事に対する帰属の程度ともいえる。たとえば、**企業やブランド名が2ページの記事のなかで1回しか言及されない場合、切り抜き記事全体が企業やブランドに帰属するといえるであろうか。**通常、このようなことは実務家の判断に任せることになるが、暫定値として、たとえば50コラムセンチメートルなどと設定しておけばよい。また、**報道が肯定的か、否定的か、中立的なのかの程度も示しておく。**

記事のインパクトや伝達されたメッセージの強さは、広範な要素によって決定されるが、多くはその媒体自体やメディアの分野ごとに異なる。**影響度に関する要素には、見出し、写真、紙面における位置、掲載面の位置、ソーラス（独占的な広告や記事）、長さ、そして他の多くの点がある。**

**＊コラムセンチメートル**　日本の新聞等でいう「段数掛ける行数」に相当する表記。

**図-22**｜メディア評価の「量的な軸」

| 次元的モデルー量的な軸 | マクロ・モデル層 |
|---|---|
| 切り抜きの数 | メッセージを受け取る数 |
| 報道のボリューム | メッセージを受け取る数 |
| 名前のチェック(企業名、ブランド名) | メッセージが掲載される数 |
| キーメッセージの数 | 目的を支持するメッセージの数 |

**図-23**｜メディア評価の「質的な軸」

| 次元的モデルー質的な軸 |
|---|
| 出版部数・読者数 |
| 属性 |
| 肯定的/中立的/否定的(*) |
| インパクト、もしくはメッセージの強さ |

＊原文では、「BNA」すなわち有益(Beneficial)、中立的(Neutral)、有害(Adverse)と表記されている。

### ◉焦点の軸（図―24）

焦点軸は、どのようにメディアの評価に焦点を当てるべきかを決定する。

情報源は、特定のジャーナリストでも、第三者のコメンテーターでもよい。媒体とは、出版物や放送番組を指し、メディアの分野は、全国紙、地方紙、専門紙などの分類を指す。

### ◉時間軸（図―25）

科学的には、時間は、四番目の次元であり、次元的モデルという名前は、ここから来ている。

### ◉ワーキング・モデルの設定

4セット（量的、質的、焦点、時間）それぞれが四つの変数を使うことにより、次元的モデルは、理論的には256通りの分析を行なうことを可能にする。実際には、それらすべての組み合わせに意味があるとはいえない。したがって、膨大な数の組み合わせからそれぞれの評価活動に合わせていくつかの意味のある分析を選び出さなければならない。

そのプロセスとしてはまず、時間と焦点の次元をどのように組み合わせるかを決める（図―26）。それから、これらの組み合わせのそれぞれに、量的、そして質的な分析をさらに組み合わせる。

一つの例として、業界紙における競争的分析を示す（図―27を参照）。これは、報道量を影響度およ

**図-24**｜メディア評価の「焦点の軸」

次元的モデル ー 焦点の軸

情報源

媒体

メディア分野

全体メディア

**図-25**｜メディア評価の「時間軸」

次元的モデル ー 時間軸

歴史的な比較

競争的な比較

目標との比較

ベンチマーキング

び肯定的・中立的・否定的かで調整するものである。この形だと、該当するブランド、企業、クライアントに合わせてカスタマイズした評価アプローチを構築することができる。



## ケーススタディ(社内のメディア評価システム)

### ◉背景

XYZ社の広報部は、過去にメディア評価機関を使ったことがあるが、そのレポートは、十分に使えるものではなかったので、サービス契約を打ち切った。最近になって、ある社員がメディア報道を手作業で分析する作業を始めた。時間の制約から、手作業のメディア評価ではその範囲は限定されることになる。

簡便にコンピュータ化されたメディア評価システムを作るためのソフトウェアの問題は、比較的小さいと考えられた。そこで、広報部の企画やマネジメントの必要性に合わせて、社内で、コンピュータ化されたメディア評価システムを作ることになった。作成されるレポートは限定されたものになるが、手作業で作成することができるものよりはより詳細で幅の広いものになる。

プロセス全体にとって大事なのは、すべての切り抜きや放送記録をデータ化して管理することである。切り抜きや放送記録(といっても放送記録はそのものがすでに電子的に入手可能であろうが)をスキ

**図-26**｜時間軸と焦点の組み合わせ

| | 情報源 | 媒体 | メディア分野 | （焦点）<br>全体メディア |
|---|---|---|---|---|
| 歴史 | | | | |
| 競争的 | | | | |
| 目標 | | | | |
| ベンチマーキング | | | | |
| （時間） | | | | |

**図-27**｜ワーキングモデル（業界紙における競争的分析）

| | 発行部数 | 情報源 | 肯定的・<br>中立的・<br>否定的 | 影響度 |
|---|---|---|---|---|
| 切り抜き | | | | |
| ボリューム | | | | |
| 名称のチェック | | | | |
| キーメッセージ | | | | |

ャンして取り込むのは魅力的な提案である。これによって、たとえば、キーワードやメッセージの認識といったものについて、シンプルで自動的な内容分析ができるし、報道記録を効率的に保存することもできる。そして、イントラネットを使って、メディア報道の重要な事項を電子的に社内で配信することもすぐにできるようになるだろう。プロジェクトの初期段階では、切り抜きや放送の筆記録が紙のまま保存されることになるだろうが、紙にしろデータにしろどのように保存するかというコード・シートの設計が、このプロジェクトをより発展させる重要な要素となろう。

当然、その内容は、このシステムが必要とする具体的アウトプットによって変わる。しかし、次のようなデータを盛り込めば、必要となるすべてのアウトプットを取り出すことができるであろう。

■**出版媒体、番組名、日付**（必要であれば送信時刻も）

■**出版社・放送社と発行部数、購読者数、視聴者数**（これは、メディア一覧表からデータ入力、もしくは手作業で入力するが、一つのケースにつき記入は1回のみにすべきである。メディアデータについては定期的な更新をしやすくしておく必要があるだろう）

■**ジャーナリスト名**（もしわかれば）**と出版媒体・番組内での肩書き**

■**写真の有無**（出版メディアのみ）**とその写真にブランドが写っているか**

■**見出しに名前（社名・組織名）が入っているかどうか**

■**キャンペーンのコードづけ**（具体的に追跡できるように）
■**ジャンル**（例：ドキュメンタリー、旅行面、など）
■**メディアの分野**（参照リストから自動的にわかるように）
■**出版媒体・番組の重要性**（1＝非常に重要、2＝重要、3＝その他）
■**センチ換算コラムの調整前ボリューム**（放送での報道であれば筆記録の行数、もしくは送信時間を記録し、コラムセンチメートルに相当する定数を使う）
■**企業名・製品名が言及された回数**
■**必要であれば記事の帰属の程度を測る。**すなわち全体の記事のなかで、10コラムセンチメートル分しか、言及されていないといったこと。
■**報道が肯定的か、中立的か、否定的か。**肯定的・否定的の場合、たとえば、少し肯定的、比較的肯定的、非常に肯定的という基準で、点数を示すこともできる。
■**あらかじめ特定した企業のキーメッセージの報道。**それらのメッセージの強さを1から5までで記す。もし、それらのメッセージが否定的に扱われていたならマイナス点をつける。時に応じて、キーメッセージは変更されるかもしれないので、ユーザーは、キーメッセージを更新しやすくしておく必要がある。
■**あらかじめ特定した重要な問題の言及。**時に応じて特定の問題は消え去り、新しい問題が生じる。

**■報道が積極的な行動によって引き起こされたかを「はい・いいえ」で示す。**もし「はい」であれば、どのような行動、たとえばプレスリリース、施設見学、イベント、VNR（PR用映像）、映画などでの製品の広告的利用（メディア・プレースメント）など、そして特にどのリリース、イベントかなど。

**■引用されたスポークスマン名**

ここで大事なのは、もしかすると役に立つかもしれない情報をすべて盛り込むことと、あまりにも時間がかかって大変なのでうまくいかなくなってしまうこととの間でバランスをうまく取ることである。

### ◉アウトプット

このシステムから大量のアウトプットが利用できる。この厳密な範囲と性質については、プロジェクトの次の段階で精査することになるだろう。しかしながら、必要なアウトプットの種類といくつかの具体例を示すことはできる。

アウトプットは量的なものであり、色つきの棒グラフ、線グラフや円グラフといった形で示すことができる。このレポートには、必ずコメントをつける。

通常、報道のボリュームは、なんらかの形で計算されうる。これは、コラムセンチメートルとか、発行部数（読者数）、もしくは目に触れる機会といった形で示される。コラムセンチメートルは、広告料に関して利用できるデータがあれば、それに基づいて広告コストに換算することが可能である。発行部数は広報部ですでに使われている電子化されたメディア一覧表からすべての媒体について入手可能である。読者数は、全国メディアについては入手できるであろうが、地方や業界媒体については常にそうとは限らない。その場合、広告代理店から入手することもできるであろう。これらの数字についてては、特に合算したときに重複を排除できないとなると、厳密には意味のないものとなるが、トレンドを示したり、比較をしたりするときには役に立つ。

報道ボリュームの原数値を調整する方法はいくつもある。メディア報道は、肯定、中立、否定と分類することができるし、また、影響度によって調整することもできる。

**メディアの影響度を測るときに考慮されるべき要素には次のようなものがある。①記事に写真がついているか、②写真にブランド名が入っているか、③その記事の媒体内の位置はどこか、④ブランド名が見出しに入っているか、といった点である。帰属の程度もさらに考慮すべき点である。**長い記事のなかにたった1回だけ、さっと触れられているだけで、すべてのボリューム（たとえば100コラムセンチメートル）を帰属させてもいいのであろうか。コラムセンチメートルに換算された放送報道についても、同様に調整することができる。

特に興味深いのは、以下の二つのレポートの仕方である。第一が、特定のキーメッセージがメディアに取り上げられたかどうか、そして、その強さはどうかを測ることである。第二が、その報道が広報部の働きかけに直接促されたものか、そうであれば、どのような活動がその報道を促したのか（プレスリリースか、施設見学か、電話連絡か、プロダクトプレースメントか）などを説明することである。

これらのレポートは、焦点の当て方をどのようにも変えることができる。一人の特定のジャーナリストによる報道あるいは特定の媒体や放送による報道を分析することが望ましいかもしれない。また、報道は分野ごとに分析することが望ましい可能性もある。その分類としては、全国紙、消費者系、業界系、地方紙などが考えられる。また、ターゲットとするメディア、重要なメディア、その他に分類することもできる。

出版と放送の報道を統一された手法で扱うことが非常に望ましい。これは、放送を筆記してモニターすることによってできる。そうすれば、放送報道をワード数に基づいた換算によって相当コラムセンチメートルにすることができる。同様に、読者数と視聴者数は比較可能と思われる。

## ◉アウトプットのサンプル

以下は、想定されるアウトプットの種類を示したリストである。それらの厳密な特性と範囲は、さらに詳細に議論され、吟味される必要があろう。特定のアウトプットが含まれていないからといって、それを作り出せないということではない。また、考えられる経営上の利益についてもいくつか示している。

1. **調整前の報道ボリュームを月ごとにコラムセンチメートルもしくは言及回数で示す**（棒グラフ）。メディアへの露出について大雑把な感覚をつかみ、前期間との比較を行なう。

2. **月ごとのコラムセンチメートル換算の調整後の報道ボリューム。** 調整とは、読者数・視聴者数、帰属の程度、肯定・否定度合いと影響度（掲載箇所、見出しに名称、写真、ブランド入り写真）などを勘案すること。またメディアをターゲットメディア、重要メディア、それ以外に分類し、メディアの分野も示す（月ごとに複数の棒がついた二つの棒グラフ）。報道の性質とどこに出たかを考慮したメディアへの露出。ここでも歴史的な比較ができる。

3. **特定期間（たとえば3ヵ月、6ヵ月、12ヵ月など）内の相対的報道ボリューム（パーセンテージ）を報道を促した活動に基づいて測る。** このボリュームはウェートづけされたもので、それをメディア分野ごとに分析する（円グラフ）。さまざまな活動の有効性に関する指標は、それらの活動にかかった時間や資源との関係で考えられる。

4. **全国メディアで、ある期間中に特定の重要な問題が言及された回数**（たとえば「不法移民」についてなど）。（各問題について、月／週に何度言及されたかという）過去の歴史的な傾向は、将来、メディアの関心を呼びそうな事柄をあらかじめ示唆してくれるかもしれない。

5. **ターゲットとしているメディアの、月当たりのキーメッセージの報道ボリューム**（いくつもの棒を月ごとに含んだ棒グラフで、一つひとつの棒は特定のキーメッセージを表す）。メディアに、ある人物の重要なメッセージを報道するよう説得するのに成功したかどうか。

6. **ジャーナリストおよび出版媒体・番組のそれぞれに肯定的、中立的、否定的といったコメントをつけたランキングを作成する。**ある人物を特に肯定的に、もしくは否定的に報道するジャーナリストもしくはメディアが明確になる。

7. **報道ボリュームを記載したキャンペーン分析**（出版媒体にはコラムセンチメートル、放送には時間、そして、コラムセンチメートルに相当するものを合算した数字）。原データと調整後の数字、露出機会、特定のキャンペーンによって生み出された広告的価値などを示す。これはメディアの分野や必要であればジャンルによって別々にすることができる（おそらく、複雑さを考えて表にするのがよい）。特定のキャンペーンのレポートと分析をサポートする量的なデータになる。

8. **報道ボリュームを記載した活動分析**（出版媒体にはコラムセンチメートル、放送には時間、そして、コラムセンチメートルに相当するものを合算した数字）。原データと調整後の数字、露出機会、プレスツアーなどの特定の活動によって生み出された広告的価値（表で示す）。特定の活動のレポートと分析をサポートする量的なデータになる。

### ❖インタビュー

ＶＩＳＡヨーロッパ社のコーポレート・コミュニケーション担当の上級副社長であるフィオナ・ウィルキンソンは、メディア評価は二つの役割を果たすと考えている。切り抜きは、彼女の広報部内での企画に主要な役割を果たすが、社内のカスタマーに結果をフィードバックするのにも需要な役割を果たす。「切り抜きの分厚い冊子をどすんと置かれる音を、まだ多くの人が聞きたがっている」。

しかしながら、組織の幹部にＰＲの重要性を正当化するときには、違った意味を持つ。彼女が説明することは、表面的には、「直感」の部類に入るものであるが、同僚である経営幹部への説明は、ＰＲの戦略的役割につながるものであり、きわめて重要なことである。「私は現場を歩いて、なるべく多くの人と話し、今、問題になっていることが何なのかを理解しようとする。取締役会議にも参加しているので、何が起こっているかを常に知ることができ、自分のやっていることと経営の方向とをきちんと擦り合わせることができる」。

ウィルキンソンとメディア対策について話をしたが、彼女は、評価方法をさらに緻密にすることを強く主張しなかった。「われわれは評価に多くのお金をかけないし、われわれのやっていることは主観的でとてもシンプルだ」と話す。ＶＩＳＡでは、切り抜きのボリューム、報道が肯定的なものである割合、そして見出しにVISAが入っている数を分析している。これは、PRコンサルタント会社からのアドバイスを受けたものだという。彼女は、「特定のキャンペーンの評価についてどうしたらよいかをコンサルタントに尋ねたとしても、それは主に切り抜きの類になるだろう」と感じている。

しかし、ウィルキンソンは、想像した以上に調査を利用している。「われわれは、加盟している銀行の態度を測る。VISAについてどう感じているか、システムがどう機能していると思っているのか、われわれからのコミュニケーションについてどう考えているのか、さらにメディアがVISAをどう見ていると思うか」。これらは、調査スタッフやオピニオンリーダーとの意見交換や他の調査業務を通じて行なわれている。

メディア評価の議論に戻ると、彼女は二つの立場を持っている。「PRの計画ツールとしては便利だと思う。コミュニケーション機能の価値を社内の他部署に納得させるということについては、まったく効果があるとは思わない」。

ウィルキンソンが3年前、他部署から広報部門に戻ったとき、彼女は、評価についての最新の考え方を取り込むことについて大いに関心を持っていた。だが、その熱意はすぐにそがれた。「正直いって、あまり進んだとは思わない」。彼女の意見によると、進歩がない理由の一つは、一つの単純な解決策はないからだという。彼女は、たとえばAVE（=Ad Value Equivalents 広告相当価値）については、懐疑的だが、評価手法の一つの要素として一定の役割はあると感じている。「少しは客観性を持たせるのに役立つ」。

この考え方は、ＰＲに期待されるものが何かを把握することが重要であるという、彼女の見方の延長線上にある。「最終的には、評価ということになるだろう。完璧な測定尺度を得ることはできないけれど、たくさんの指標は得られるだろう」。

## ❖ＰＲ実務家への質問

**質問：ＰＲ活動の評価を始めることは実務担当者にとっては難しいことが多い。どのようなアドバイスをするか？**

- 自らが評価方法を学ぶか、資格があって信頼できる業者を選ぶかのどちらかである。誤差は他のＰＲ活動より小さい。（デジャン・ベルシック）
- ＩＰＲの評価ツールキットを使いなさい。ステップごとにわかりやすく解説したガイドである。最初は控えめに実施して結果を見なさい。（アリソン・クラーク）

1. 自分自身の評価プロセスを開発して、他の部署にあなたの仕事の価値を説明しなさい。
2. スタート時点で自分の仕事を評価しなさい（調査の方法論、プロセス、活動、予算と結果など）
3. 証拠に基づくものであることを確実にしなさい。
4. 経営幹部や取締役がレポートを確実に受け取るようにしなさい。（フラン・ヘイゴン）

●計画段階から望まれる結果を認識しなさい。この結果がどのようなものであるかを明らかにし、それを説明することから始めなさい。そして、一里塚を設けて、関与している人すべてが、正しい場所へ向かっていることがいつでもわかるようにしなさい。（クリスピン・マナーズ）

●常識にとらわれないで新しい発想で考えなさい。形通りのアプローチをとらないで、ＰＲプログラムのステークホルダー全員のことを考えて、彼らが何を望んでいるか考えなさい。（ロレッタ・トービン）

●会社にとって最も重要なことにＰＲプログラムが貢献できることを理解し、評価することが重要である。実務担当者は、目的を達成していることを確認することが容易な評価メカニズムを、時間をかけて考案し、実行しなければならない。（レイ・マウェレラ）

●これを評価と考えないこと。お祝いごとと考えなさい。「やりましたよ、ターゲットを達成しました！」とクライアントに話して、シャンペンボトルを取り出すことのできる機会だと考えなさい。評価はわれわれの業界のよい面の一部だととらえて楽しむようにしなさい。（アナベル・ウォレン）

●PR費用が正当だということ強調するために評価を利用することを勧める。まずよいソフトウェア・プログラムに投資し、スタッフを適切に訓練して、評価の重要性について教育しなさい。評価は、「なくてはならないもの」になりつつある。（ローナ・オドネル）

●いちばん難しいのは測定できるものは何かを取り上げることである。たとえば、読者数であるとすれば、メディアが提供しているデータを使えるのかどうか。もしくは販売結果だとするなら、どのように測定できるのか。必ずしも、あなた自身が測定できるものを設定し、評価する必要はない。他人がやっていることを見極め、どのように便乗できるか考えなさい。（クララ・ザワウィ）

●すでに効果が証明されていて、該当するプログラムに当てはめられる評価方法は何かを見つけなさい。調査会社を使う場合は、参考となる情報と仕事の業績をよくチェックしなさい。同僚の実務担当者の感想、提案、意見を求めなさい。（トム・オドノヒュー）

●評価測定を予算が削減されたらカットされる付加的なものとしてではなく、特に、自分の役割や価値をどのように正当化できるかを考え、経営幹部がどんな投資にも結果を求めていることを理解しなさい。もし基本的な事柄すら計測できなければ、あなたの仕事はなくなる可能性が出てくる。（マイク・コップランド）

●目標がしっかり定義され計測できるようにしなさい。それができなければ、どんな評価努力もあてずっぽうにすぎなくなるであろう。（マット・クチャルスキー）

●スタート時点で評価を行ないなさい。すなわちキャンペーンを計画する際に評価も計画しなさい。もし予算があれば、キャンペーンの前後に測りなさい。（リチャード・オファー）

●PRキャンペーンを始める前に、実務家は、広範な評価が行なわれなかった場合の影響について理解しておくべきである。最終的には、キャンペーンの成功は結果から明らかになるが、結果が好ましくない場合は、問題や改善できる内容を知るためになんらかの評価が必要となる。（アダム・コノリー）

# 第7章

# ケーススタディ

Evaluation in practice——評価の実際

# グローバル企業(エミレーツ・グループ)

## ◉国際的なPR活動を管理する

２０００年に英国のコンサルタント・グループであるベル・ポッティンガー・グループ・コミュニケーションは、ドバイを拠点とするエミレーツ・グループから英国および世界23ヵ国にある代理店のPR活動を管理するよう委託を受けた。これは、アラブの航空会社としてのイメージを世界的に認知されるブランドへと変えるためである。

エコー・リサーチ社は、ベル・ポッティンガー社に２０００年以降、最新のメディアの評価を提供した。これにより各国におけるPRの業績がモニターされ、PRの効果が評価された。分析は、6ヵ月ごとに行なわれ、その対象国は、現在では24ヵ国となっている。対象言語は20で、そのなかには、シンハラ語、タミル語、ウルドゥー語、ヒンディー語、タイ語、マレー語、アラビア語、マルタ語、中国語などが含まれている。

ベル・ポッティンガーはこのデータを使って各国のPR代理店の事業を評価するとともに、メディアに対して一貫したメッセージを伝えることに努めた。また、企業、ブランド、サービス、キャンペーンの認知度を上げる戦略を構築し、現在の、そして将来起こりうる問題を積極的に解決するためにこうしたデータを利用した。

## ◉クライアントの事業に貢献する

エミレーツの取締役会計担当部長、デービット・ウィルソンはこうコメントしている。「ベル・ポッティンガーを含め、各国のエミレーツ・グループを広報するPR会社がどのような成果をあげているかを調べるために、メディア報道の価値を測定した。併せて、メッセージが以下の事項に沿って行なわれているかどうかも調査した」。

- キーメッセージが対象とする適切なメディアに伝わっていること（対象とするメディアが適切かどうかを決定するために、エコー・リサーチ社が、最初に市場調査を行なった）。
- 展開が必要な分野が認識されていること。
- 将来起こりうる問題領域に焦点が当てられていること。

「こうすることで、ベル・ポッティンガーとエミレーツは、世界中で代理店の事業成果をあげることができた」。

＊この事例は2003年のAMEC効果的コミュニケーション賞を受賞し、国際的スケールで最高の

評価測定を行なったとして、表彰された。基準の採用の部門で最優秀賞を受賞した。

## 企業の合併（プライス・ウォーターハウス・クーパーズ）

### ◉PR効果のベンチマーク

プライス・ウォーターハウス・クーパーズ（ＰｗＣ）の上級幹部は、そのものずばりのデータを見て、ＰＲ活動にもっと力を入れなければならないと確信した。グローバル広報の担当部長であるピーター・ホロウィッツは「われわれのＰＲ活動は、取るに足らない主観的なものであったが、それを現実的なものへと変えた」と述べた。

ホロウィッツは、「こうしたＰＲ活動の効果に関する分析によって、『なぜわれわれは、記者の関心を得られないのか』といった経営者の主観的で否定的な意見を一掃することができた」と述べた。さらに、「私は20年もの間こうした戦いを続けてきたが、今ではＰＲ活動の効果についての明確な証拠があるので、何をすべきかに関する経営者の考え方を変えることができた」と述べた。

ＰｗＣのメディア調査と評価に関する分析は、プライス・ウォーターハウスとクーパーズ・ライブランドが合併した１９９８年の7月に始まった。エコー・リサーチ社の支援を得て、ＰｗＣの広報プログラムは洗練されたものとなった。これは、否定的な記事と肯定的な記事の割合をモニターし、Ｐ ｗＣを扱う記者の記事を追跡調査したものを四半期ごとに報告することによって達成されたもので、それはまた好ましい報道を促す戦略を認識することに役立った。ホロウィッツは「ＰＲの効果を継続的にベンチマーキングをしなければ、私たちは目をつぶって歩いているようなものだ」と話す。

## ◉認知度の測定

合併後、ＰｗＣは測定によって自社がどれだけうまく新しいブランドの名前とその特性を伝えているかを判断できた。「新しいＰｗＣの名前が正しく報道され、合併に関するわれわれのメッセージが無視されないようにしたかった」とホロウィッツは言う。

当初の国内外の出版物の調査によると、合併を分析した経済アナリストの発言を引用した批判的な記事がたくさん存在することが判明した。また、記者は、合併を対等なものではなく、小会社のプライス・ウォーターハウスによる大会社のクーパーズ・ライブランドの乗っ取りだと論評した。

調査により、フィナンシャル・タイムズとウォールストリート・ジャーナルが大きな影響力を有する媒体であることがわかったので、ＰｗＣは、その雑誌の記者に焦点を当てることにした。ＰｗＣは、フォローアップのためのインタビューにおいて、合併は、名称においても、合併後の取締役会を構成するシニア・マネジャーの数においても対等であることを強調した。ホロウィッツは「あまり響きのよい言葉を並べずに、こうした事実を伝えることが重要である」とし、「われわれのＣＥＯや幹部は、積極的にインタビューに応じ、記者のいかなる質問にも答えたという意味で、重要な役割を果たした」と述べた。結果として、記者は、合併が対等なものであると報道し、批判的な記事が減少した。

ＰｗＣは、その会計監査とコンサルティング部門が利益相反関係にある可能性があるとして米国証券取引委員会（ＳＥＣ）の調査を受けたが、そのときにも、評判（レピュテーション）に関するＰＲの効果を、測定によって明らかにすることができた。ＳＥＣの一件でＰｗＣの評判は初めマイナスの領域に位置づけられたものの、継続的調査によると、４ヵ月後にはメディア報道は、肯定的なものに戻り、経営者の懸念を和らげられることとなった。「この期間、われわれはＰｗＣに好意的な人びとに会い、われわれが伝えたことが評判に影響を与えたことを示すことができた。測定により、われわれは、完璧に危機から脱出したことを示すことができた」とホロウィッツは語る。

## ◉キャンペーンのやり方を改善する

調査によって、ＰＲプログラムを改善する重要な方法についても知ることができる。

■プレスリリースに図やグラフを添付すると好意的な記事が増える。ホロウィッツは、「グラフを使えば、記事になる可能性は上がる」と話す。

■評価によって、シニア・マネジャーによって書かれたものが「肯定的な報道を生み読者に影響を与える最も有力な手段」であることがわかる。CEOに記者のインタビューを受けさせることで、同じ話題でもより肯定的な記事になる。

■メディア評価をすれば、最も頻繁に産業や話題について記事を書くレポーター、出版社、通信社を特定することができる。ベンチマーキングが行なわれないと、間違った方向へと向かって業務が行なわれることになる。

## 国際キャンペーン（シンガポール政府）

### ◉世界的なITハブを目指す

2000年代初頭、シンガポール政府は、アジア市場で本社やジョイントベンチャー、生産設備を設けようとしている国際的なIT企業や通信会社の拠点となるよう、積極的な政策を展開した。これが成功すれば、シンガポール経済に何十億ドルもの成果をもたらすと想定されていた。

中国は、世界最大の市場となると予測されており、北京や上海が非常に注目されている。一方、香港も引き続き国際的な投資先として地位を競っている。さらに、新興経済国としてマレーシアやインドも国際的な投資先として競争に参加してきている。

そこでシンガポール政府は、インフォコム開発庁（IDA）と経済開発庁（EDP）、他の政府機関との連携を通じて、国際的なＰＲキャンペーンを実施し、シンガポールをアジアの「ＩＴ投資のハブ」として位置づけるためのメッセージを積極的に伝えた。

以下がそのキーメッセージである。

■国際的投資に対する政府のサポートとインセンティブがある。
■シンガポールにはブロードバンドをはじめとするテクノロジーインフラが広く整備されている。
■熟練労働者がいる。
■新興経済である中国とインドとの中間地点に位置する。
■シンガポールには、ヒンディー語、中国語、英語などを話す人が多くおり、多文化・多言語への適応性がある。
■設備投資環境としては安全である。

国際的なＰＲコンサルタントであるエデルマン社と契約し、シンガポールのキーメッセージを伝えることにした。そのターゲットとして、米国、カナダ、英国、ヨーロッパ、オーストラリアにおけるＩＴや通信業界の国際的大企業のＣＥＯ、ＣＦＯ、ＣＩＯなどを選択した。

ＰＲキャンペーンでは、まずターゲットに影響力のあるメディアを特定した。それらは、ウォールストリート・ジャーナル、フォーチュン、フォーブズ、フィナンシャル・タイムズ、エコノミスト、ブルームバーグ、ロンドン・タイムズ、オーストラリアン・フィナンシャルレビュー、BRWなどである。これにCEO、CFO、CIOが読む重要な雑誌などを加えた。そして、IDAとエデルマン社は上記のメディアに、シンガポール政府のメッセージをニュースリリース、ファクトシート、インタビューなどを通じて発信した。

キャンペーンの効果を評価するために、2段階にわたる調査を行なうことにした。

## ◉報道されたメッセージのメディア分析を行なう

まず最初に、メディア分析を行なうカルマ・インターナショナル社が、ターゲットとしたメディアの報道の内容を分析した。これは、ターゲットとなる読者が読むメディアにおいてどの程度キーメッセージが効果的に掲載されたかを確認するものである。さらに、シンガポールの競合相手(中国・日本・韓国・香港などを含むアジアの国々)も調査し、シンガポールが取り上げられた割合や位置づけを確認した。メッセージに関する内容分析や報道の好意度、アジア諸国と比較した場合の露出の割合などといったメディア分析により、PRが報われたことや、市場に与えた効果を推測し、予測することができた。

### ◉認知度と理解度を確認する

調査を完成させ、キャンペーンの成果に関する最終的なデータを得るために、ＩＤＡは、ある調査会社にターゲットとした国のＣＥＯ、ＣＦＯ、ＣＩＯに６ヵ月ごとにインタビューを実施することを委託した。これにより、シンガポールに対する彼らの認識とシンガポールへの投資に対する彼らの姿勢を認識できた。キャンペーンの初期段階ではシンガポールに関する認知度は低く、否定的なメッセージもあった。独裁国家で、情報統制が厳しく、他のアジア諸国よりも、高くつくと見られていた。

しかし、ＰＲ活動を12ヵ月実施した後には、シンガポールのメッセージがターゲットに浸透し、認知度が高まったほか、ターゲットとしていなかった上級幹部にも、シンガポールにはハイテクがあり熟練労働者が豊富な国であるというイメージが定着した。

## 調査の統合（フィッシュ4）

### ◉調査によりオンラインビジネスをより洗練されたものにする

フィッシュ４（ＦＩＳＨ４）は対話方式のオンラインサービスを提供するブランドで、英国の地方新聞の80％がこれを支援している。そのポータルサイトを通じて、消費者は自動車、住宅、仕事、その他のサービスについての大量の情報を得ることができる。そのディレクトリーサービスで１９０万にのぼるビジネスを紹介していることを特徴としており、英国最大の情報源になることを狙いとしている。

興味深いことは、フィッシュ4の事業の前提がインターネットに代表されるグローバリゼーションの時代に反していることである。ネットを利用するビジネスの大半は、できる限り広範囲へ発信しようとしているのに対し、フィッシュの目標は「地域の専門家」になることである。彼らは、100万人ほどの利用者のために、地域に根ざした情報を伝えようと努めている。

## ●ターゲットに関する調査

フィッシュ4の販売・マーケティング部長のジョナサン・ラインズは「われわれは、会社の将来的な成功と革新のためには調査が重要であると考えており、たくさんの調査を行なっている」と言う。さらに、「われわれは、どのようにターゲットに認識されているのかを理解しなければいけない」とも話す。

広範な調査プログラムの一環として、フィッシュ4は、サイトへの情報量を増やし、さらに認知度を上げようとしていた1999年10月から2000年3月にかけて、エコー・リサーチ社に継続的に追跡調査と評価を行なうよう委託した。これには、PRの結果としてのメディア報道の評価に加え、オピニオンリーダー、ジャーナリスト、消費者に対するインタビューも含まれており、その目的は以下の通りである。

■ブランドの認知度やそれを思い浮かべる程度の評価
■マスメディアを利用した伝統的広告効果の評価
■PR活動の効果の測定

## ◉マーケティング・コミュニケーション調査の統合

当時、フィッシュ4は、テレビ、屋外宣伝、新聞、雑誌、ラジオ、PRを統合した形でコミュニケーション・キャンペーンを行なっていた。そのほかに自社サイトへの検索を容易にすることも行なった。そして1999年の第4四半期の時点ではあまり広告費を投入していなかったけれども、2000年2月にはテレビと屋外における広告費を大きく増加させ、これをPR活動を強化することにより支援した。

調査によれば、広告費の増大によりブランドの認知度が劇的に向上した。テレビでの露出を爆発的に増やし、それをやめた後は、PRが認知度を支えた。同様に、自社サイトにアクセスする人数も急激に増加した。ブランドの認知度を高めた要因の分析によれば、テレビやポスターの影響が大きかったが、PRを継続的に行なうことにより新聞報道が好意的になることの重要性もわかった。

ネットやマーケティングの分野におけるオピニオンリーダーは、フィッシュ4の独創的なやり方やメディア戦略を賞賛した。そして彼らのコメントは、その後のキャンペーンにフィードバックされることとなった。マーケティング・キャンペーンもジャーナリストの認知度を高めることに成功した。デイリー・テレグラフの記者は、フィッシュ4の「PR活動」を通じて、タイムズの記者はテレビの広告を通じて、フィッシュ4をよく知るようになったと述べた。

フィッシュ4のサイトに訪れたことのある消費者による肯定的な認識とサイトに関する社説報道には相関関係があった。

## ◉PR戦略を調整する

フィッシュ4によるPR活動の価値と投資家である地方新聞によるサポートの価値が詳細な分析により明らかにされた。消費者がサイトを訪れる回数とPRの成果である報道の量との間を統計的な関係で見ると、広告が認知度を向上させるのに対し、PR活動は、サイトへの訪問を促していた。地方紙のほとんどが社説でフィッシュ4を取り上げたが、これは、地方紙が株主であるというメリットがあるためである。

英国の1000を超える全国紙、地方紙、業界紙の切り抜き記事を分析した後、フィッシュ4は、PR戦略に微調整を加えた。ラインズは「われわれの考え方と報道との間にはギャップがあることがわかったので、ただちにやり方を変えた。われわれのように競争が激しい業界では、調査による分析は、大きな資産となる」と述べた。

このケーススタディは、調査をうまくやることがいかに効果的な意思決定を導くかを示している。メディア分析と市場調査を統合し、磨き上げることによって、エコー社は、戦略的な事業運営とコミュニケーションの機会を認識することができた。フィッシュ4は、広告の追跡調査やメディアの分析によって「何が起こっているか」を、市場調査により「なぜそうなっているのか」を理解することができた。つまりこの二つを統合することで、フィッシュ4は、何がブランドを広める力かを深く知り、どのようにメディア報道をコントロールし、戦略の目的に沿ったイメージを周知させるかを容易に決定することができた。また、貴重な資源をいかに効率的に使うかも学んだ。

## 販売促進活動の総合評価(ボルボ XC90)

### ◉販売促進活動を総合的に測定する

小型の四輪駆動車市場は最も成長している分野で、過去10年間、英国で400%の伸びを見せた。この分野で、ボルボ社は、一つのモデルしか販売しておらず、それもあまり成功はしていなかった。しかし、ボルボ社は、この競争の激しい市場で確実に成功したかったので、新しい四輪駆動車のモデル、XC90の販売促進のためにかなりの予算をつけた。

同事業の展開に先立ち、ボルボは調査にかなりの投資をした。特に競合車であるBMW X5やメルセデスMクラスの調査に力を入れ、XC90がどうすれば幸先よくスタートを切れるかを考えた。事業展開が始まった後、ボルボは、宣伝活動がうまくいっているかどうかを評価し、かつあらゆる販売促進活動を総合的に評価する調査を望んだ。

ボルボは、ミルワード・ブラウン・プレシス社に2001年7月から2003年4月の間に収集されたすべてのデータを統合し、できるだけ包括的な形で英国におけるXC90の事業を評価するよう求めた。

以下の測定尺度が用いられた。

■PRによる報道の質と量、それの強みと弱み、ブランドに与えた総合的な効果、の評価
・主要競合社との比較
・報道のトーン
■XC90とボルボブランドに関する消費者の理解度の測定
■ボルボのホームページにおけるアクセス数のモニター
■オンラインなどによる消費者の質問に関する評価

■ターゲットとなる消費者に関する分析の評価

こうした測定尺度が、総合的にキャンペーン活動を評価するために用いられた。

XC90は2002年1月のデトロイトで行なわれたモーターショーに投入された。その見た目のよさや全体パッケージのよさが、ただちにメディアで好意的に報道された。しかしモーターショーに登場する車の大半は短期的には成功するものの、次第にその印象が弱まっていく。XC90はそのような罠に陥ってしまったのだろうか。

最初に、XC90の販売促進活動を、旧来型のPRキャンペーンによって成功した他のボルボ車の販売促進活動と比較した。ボルボS80がその最新の例であった。S80がメディアの注目を最も集めたのは販売促進活動を始めたときであったが、次第にメディアの関心が薄れ、現在では、この分野の車種としては最低のレベルまで低下している。

XC90は、リーダー車種であり、似たような戦略をとっていたBMW X5とも比較された。

そしてXC90については、異なる戦術が打ち出された。四半期ごとに報道量を向上させる方策を講じた。2002年当初の事業展開以来、XC90はこの部門のベンチマークとなり、足場を固めている。

## ◉ボルボブランドの向上に貢献

XC90は15ヵ月もの間、ボルボに関するメディア報道の45%を占め、そのブランド名を高めた。加えて、ボルボ車の中心的な特質であるデザインのよさ、安全性、実用性に関する評判を高め、他のメーカーと比べてかつてないほどの成果を収めた。ブランドにおける最も効果のある車であり続けた。XC90は、今でもブランドに関して最も影響力のあるモデルである。

販売促進活動の総合的評価のために最初に行なったことは、ボルボがターゲットとする消費者に、PR活動がどのように浸透したかを調査することであった。XC90のパフォーマンスを他の競争相手と比較できるようにするにはターゲットとなる消費者があまりにも広範にわたっていたので、ターゲットをグループに分類し、対象を絞った。23～44歳の男女で5万ポンド以上の所得があり、かつ大学卒業者で冒険心の強い人びとを核とするターゲット・グループを設定した。これに、該当する人は60万9000人であった。

一般消費者の間でも、XC90の存在感は高く、成年人口の85%は少なくとも1回はXC90のメッセージに触れたことがあるということであった。これは期待以上の結果であった。ターゲット・グループについても、96%がXC90に関する報道を目にし、90%以上が少なくとも2回は報道に触れる機会を有した。

### ◉消費者の反応

競合2社に比べて、2倍もの人びとがXC90について馴染みが深いと答えた。このように親近感が増加したのは、2003年にPR活動を最大にしたことによる。このモデルに対する消費者の認知度や親近感が大きく増加しただけでなく、キーとなる特質に関する消費者の見方も向上した。安全性はその一つであり、これによってXC90のライバルとの競争に追いつき追い越した。デザインに関する好ましい報道もまた、スタイリッシュな車をつくるというボルボのブランドに対する消費者の認識を大きく深めることに役立った。

PRの努力はXC90に関する報道に反映され、消費者の問い合わせも列をなした。これにはインターネットによる一般的な質問と特定の個人による問い合わせの二つのタイプがあった。デトロイトのモーターショーの前後に当初の活動のピークを設定したが、その際には、当時唯一の情報入手手段であったネットへのアクセスが一気に増えた。その後ネットによる問い合わせが減少し、ショールームでの見学が可能になると、特定の個人による質問が増加した。

XC90の注文は、車が入手可能になる前の時点でも、時間がたつにつれて勢いを増し、予想をはるかに超えるものとなった。そして最終的なPR活動として、販売日を発表したときに注文のピークを迎えた。需要が予想以上に増えたので、その時点で注文をした人びとはウエイティング・リストに載せられることになった。

2002年10月に実施された小規模の広告に多少問い合わせが増えたが、販売増には至らなかった。しかし、予定された広告が放送される時点で、注文がはるかに予想を超えていたので、放送広告予算の一部を繰り延べ、結果として250万ポンドの予算削減につながった。これは、PR活動は、目標販売台数の達成に役立つこと、限られた時間のなかではこれ以上の生産は行なえないことを示すデータに基づいて行なわれた。余った広告費は他のモデルの広告費に充てられた。

このケーススタディは、2003年AMECのプラチナ・コミュニケーション効果賞を受賞した。

## 長期キャンペーン(IFAP)

### ◉消費者に対するキャンペーンの評価

IFAプロモーション社（IFAP）は、独立系の資産運用アドバイス業者（IFA）の利点を宣伝し、無料電話やウェブサイトを通じて、消費者にIFA業者を紹介する事業を行なっている。ランソン・コミュニケーション社は、10年前に「納税節約キャンペーン」を委託され、実施したが、それには四つの目的があった。

1．個人がIFAP社を通じて個別のIFA業者を探し出し、そこに相談することで、納税額を節約できることを伝えること。

2. ＩＦＡに関する問い合わせを増やすこと。

3. ＩＦＡへの訪問客を増やすこと。

4. ＩＦＡのために事業機会を増やすこと。

毎年、ＩＦＡＰ社は、ＰＲの評価プロセスを改定・改善してきたが、２００２年には、コンサルタントチームが「納税節約キャンペーン」を分析することになった。そして、その効果を把握するために、さまざまなモデルから実際の取引にいたるまで、広範なテクニックを使って調べた。

英国では、租税年度の最終日となる4月5日までの2ヵ月がＩＦＡにとって最も忙しい時期で、税金は、さまざまな金融商品を購入するきっかけとなる。「納税節約キャンペーン」の狙いは、4月初旬までの数週間において、巨額の税金が不必要に支払われており、ＩＦＡが、いかにその税金を最小にできるかを発信することである。２００２年のキャンペーン・レポートによると、英国人の10人のうち9人が、総額40億ポンドにのぼる不必要な税金を支払っていた。

ランソン社は、目的達成のために次のようなさまざまなテクニックを使った。

■放送記者を含む全国のジャーナリストのためのパッケージ化された資料

■地方のラジオ放送局、新聞を通じたキャンペーンの展開
■キャンペーンを盛り上げるための月次のフォローアップ
■税金の無駄使いを表現する写真
■1万を超えるIFA業者に「納税節約キャンペーン」への参加を促すパッケージの配布
■地方紙と組んでキャンペーンの認知度を上げるために、IFAP社のメディアサービス・ネットワークを活用
■IFAPホットラインやホームページにアクセスする人に無料で税金節約ガイドを配布

## ◉評価活動

■すべてのメディア報道を、メディア分析を行なうインパコン社が収集した。
■キャンペーンの消費者の問い合わせが、IFAPによって詳細に分析された。
■6000以上の問い合わせを分析した結果、どれだけの人がIFAを知り、商品を買ったか、どの商品がどれだけ売れたかを確認できた。
■アクチュアリー・メルサー社がこのデータを検証し、IFAPのメンバーと彼らに商品を提供しているスポンサーのために事業価値を計算した。

## ◉結果

1．ＩＦＡを知ることで税金を節約できることおよびＩＦＡへのアクセス方法について伝える

■10年目の納税節約キャンペーンに関するメディア報道は、過去最高のものとなった。報道件数が４２６件で、そのなかには28件のインタビュー放送もあった。26の新聞において全国レベルの報道記事が70件あり、これに加えて消費者関連の雑誌や個人の資産運用に関するサイトでも記事として取り上げられた。インパコン社は、３ヵ月のキャンペーン期間におけるメディア報道を分析し、人数換算で、２億９００万人が記事に触れ、すべての記事が肯定的であるとした。報道は、キャンペーンのターゲットである中産階級の35〜64歳の人に向けられた。伝えられたキーメッセージは次の通りである。

・英国が無駄遣いしている税金の総額―人数換算で1億３８００万人の目に触れた
・ＩＦＡの紹介と資産運用計画の必要性―人数換算で９８００万人の目に触れた
・ＩＦＡの連絡先、ＩＦＡＰのホットラインとホームページ―人数換算で２６００万人の目に触れた

2．ＩＦＡへの問い合わせを増やす

■キャンペーンを始めた1ヵ月間だけで、ＩＦＡＰは、地方のＩＦＡの詳細情報を求めるリクエストを３万３０００件受け取った。

■すべての問い合わせは、発信源ごとに記録された。これによるとＩＦＡＰへの問い合わせの25・3％は、ホットラインを通じて、74・7％は、第三者のサイトとも連携しているＩＦＡＰのオンラインサイトを通じて得られた。

3．ＩＦＡへの訪問客を増やすために

■4922件のオンラインよる問い合わせと1766件のホットラインによる問い合わせに関するフォローアップ調査で、それぞれ37％と43％に当たる消費者がＩＦＡを訪問したことがわかった。

4．ＩＦＡの事業機会を増やすために

■オンラインで問い合わせをした人の43％、ホットラインで問い合わせをした人の41％が、それぞれ平均して、1.5件と1.2件の商品を購入していることがわかった。

■1商品当たりの平均的な手数料に基づいてメルサー社が計算したところによると、ＩＦＡ業者に240万ポンド、ＩＦＡに商品を提供している企業に170万ポンドの利益をもたらした。

ＩＦＡＰのＣＥＯ、デービッド・エルムズは次のように説明する。「ＩＦＡＰにとって、われわれのマーケティング活動に関する効果を評価し、役に立っていることを示すことができることは、メッセージの伝え方を改善できることになるほか、1万以上の会員業者と商品を提供しているスポンサー企業の支持を確実なものにできるという意味で非常に重要である。『納税節約キャンペーン』は10年間実施されてきたものであり、最も成功したＰＲプログラムである。今年初めて、キャンペーンがビジネスのうえで意味があることを具体的に説明でき、会員とスポンサーの双方にとって要となるものであることを示すことができた」。

このケーススタディは、２００３年のＰＲコンサルタント協会賞において、「優秀調査・評価賞」を受賞した。

## 評判の回復（ポールスター）

### ◉運命を変える

英国、スペイン、ハンガリーなど28ヵ所に事業所があるヨーロッパの有名な印刷会社、ポールスターは印刷、小売、旅行、マーケティングなどを事業としている。しかし、２００１年8月に、困難な問題に直面することになった。巨額の不動産売買に失敗し、全国レベルの重要な印刷契約を失うこととなり、英国の工場が、過剰になっていることが公表された。

インパクト・エバリエーション・サービス社が行なったポールスターに関するメディア報道分析は、とても否定的なものであった。経営者の役割や財務の健全性に関する報道については、否定的以外のなにものでもなかった。革新性、投資、消費者サービスに関する肯定的なメッセージがこれに勝ることはなく、総じて否定的な評価であった。

２００1年8月、新たなCEOが起用された。彼は、ポールスターへの投資の確保と新規契約により多少影の部分を改善することができたが、こうした進展も工場閉鎖、雇用不安などによって打ち消されることとなった。

ポールスター社は、報道分析を参考にして、PR活動に対するアプローチも少し変えた。印刷業の評価に大きな影響力のある業界紙を狙いとして、技術や契約獲得に関する発表に重点を置いていた。PR部長のサラ・マクローリンは、CEOも彼女もメディアに対して積極的に対応するという立場をとっているので、ポールスター社は、ニュースの善し悪しに関わらず、メディアに対し、開放的になり、よりコミュニケーションを図るようになったと語った。

２００1年半ばから２００3年初頭期までの20ヵ月間、主要な業界メディアにおける報道が3倍になり、好意的な記事が多くなった。２００3年2月になると、すべてのメッセージが肯定的か中立的のどちらかになった。財務の健全性に関する否定的な報道は消え、経営者に関する報道は肯定的なものとなり、消費者サービスについては、1ヵ月間に八つの記事が主要メディアに掲載されるようになった。

ポールスター社の運命が大きく改善されたのは、主に経営者の交代、販売の増大、従業員の能力を最大限に活用したことなどによる。報道が逆転したのは、会社の業績が向上したこと、メディアに対し、より開放的で友好的な対応をしたこと、肯定的なニュースをうまく発表したことなどによる。報道分析から得られたベンチマークとなる月次の情報によって、経営幹部と広報部長は、進捗状況をモニターすることができ、かつコミュニケーション戦略における変更に自信を持つことができるようになった。

## 若者向けキャンペーン(英国政府)

2003年6月、英国政府の児童および青少年局(CYPU)は「Str8 UP」というツアーを実施した。その目的は、政府の大臣らを若者に会わせ、彼らの政治や社会に関する視点を知ってもらおうというものである。

PRコンサルタントのオーガストワン・コミュニケーション社は、二つの手法でツアーをサポートするように命じられた。一つはツアーを含む九つの地域別イベントを宣伝すること、もう一つは若者にメディアに対し自分の意見を表現する機会を与えるというものである。

### ◉PR戦略

地域のメディアは、最も信頼できる情報発信源と見なされており、これらはキャンペーンにおける重要なターゲットとなるということで意見が一致した。全国レベルのメディア報道にも多少の波及効果があった。

ＰＲの目的は以下の通りである。

■若者に影響を与える問題について政府の認識と理解を深める。
■英国の若者を適切かつ効果的な方法で社会に関与させることで、英国政府は、なにかを成し遂げられるということを示す。
■政府が若者からのフィードバックに答えていることを示す。
■政府が児童や青少年の人生を改善しようと努力していることをツアーによって実証する。

こうした目的は以下の三つのキーメッセージとしてメディアで報道された。

■政府は児童や青少年の意見に耳を傾けている。
■大臣らは、若者からのフィードバックを政策や制度策定に反映させるであろう。
■ツアーは、児童や青少年の意見を社会に伝えるために政府が継続的に行なってきた努力の一つである。

このようなメッセージはすべてのキャンペーン資料に織り込まれ、報道担当者のすべてのブリーフィングで使われた。目的は、報道の一貫性を確保し、キャンペーンの目的を達成することであった。

## ◉結果

ツアーは、放送および活字メディアで100件以上取り上げられ、その報道は630万以上の人に触れた。

すべての報道は、非常に肯定的か、もしくは好意的・中立的のどちらかであった。後者の記事のなかには、多少中立的か否定的な内容が掲載されていたが、関連記事における肯定的なコメントとバランスがとられていた。報道の半分は下記のように若者を引用していた。

- 分析した報道の95%は、政府が若者の声に耳を傾けていたと見た。
- 分析した報道の4分の3は、若者は政府の政策に影響を与える機会を与えられたとした。
- 分析した報道の72%は、ツアーは若者が大臣や政策策定にアクセスできるよう政府が継続的に行なっていることの一部であるとした。

## ◉将来

基本戦術は、「若者の声」と名づけられ、報道関連イベントに参加した若者に関する記事を蓄積した。こうした記事は独立した記事として利用されるか、ニュースの一部に組み込まれた。これは将来の活動を示唆している。つまり、後に続く報道を導くために、若者にコンサルテーション・ペーパーを作成する機会が与えられるべきであるということである。

キャンペーンの評価により、将来の活動をどのように効果的にしうるかについての重要な指摘が得られた。たとえば、調査を効果的な方法で使用することによりニュース価値を高める、より人気のある大臣の参加を促す、若者の関心を高めるために、地方および国の政治家がともに参加する共同イベントを開催する、といったことである。

ツアーに関する政府のレポートは、若者や関係者から好意的に受け止められた。それには、将来、若者の話を聞く際にどうすればよいのかというだけではなく、してはならないという点についても十分かつ率直に表現されていたからである。

第8章

# 何を目指すのか

Objectives and objective setting——目標と目標設定

## 目標とは何か

**「効果的な評価は、適切なオブジェクティブ（目標）を設定することから始まる」。**

ここでいう「適切」とは、オブジェクティブ（目標）が明確であり、測定でき、定量化されていることである。目標を達成する最も単純で唯一の方法は、コミュニケーション・プログラムやキャンペーンを評価することである。

グレン・ブルームとデービッド・ドージァーは、「あるプログラムが機能したかを知るには、そのオブジェクティブ（目標）とゴール（目的）に設定された基準を使うことが必要である」と述べている。また、評価段階で評価の基準を見直したり、場合によっては、基準をゼロから作り直す必要がある。そうでないとオブジェクティブ（目標）の基準が十分に明確にならないと彼らは指摘している。実際、効果的でない評価の共通の欠陥は、プログラムのスタート時に設定されたオブジェクティブ（目標）と、プログラムの途中や終了段階における評価がかけ離れていることである。

**オブジェクティブ（目標）はPRやコミュニケーションだけでなくもっと広い意味で重要な問題である。たとえば、企業戦略のオブジェクティブ（目標）の役割について、マーケティング・コミュニケーションの専門家であるクリス・フィルは、個人、社会グループ、組織の活動においてオブジェク**

**図-28** │ 戦略的企画立案ピラミッド

ティブ（目標）が重要な役割を果たすことを次のように説明している。

**1. その活動に関わる人に、方向性と活動の重点を示す。**

**2. 活動に関わるさまざまな意思決定を一貫性のある方法で行なえる手段を示す。**

**3. その活動を完了させるべき期間を決定する。**

**4. その活動の価値や範囲を活動に関わる人に伝えることができる。**

**5. 活動が成功したかどうかを評価できる手段になる。**

オブジェクティブ（目標）が有するこうした特質は、PRプログラムにとって重要な利点になる。特に最後の2点は、企業活動の価値を証明し、評価するのにオブジェクティブ（目標）が潜在的に重要な役割を果たすことを示している。

**図Ⅰ-28**は、オブジェクティブ（目標）が、どのように、組織の使命、価値とその使命を果たすための戦略、戦術をつなぐものになっているかを示している。このように、ＰＲの実務家は、オブジェクティブ（目標）を孤立したものとして策定しない。オブジェクティブ（目標）は、その達成によって、組織が直面するさまざまな問題を解決し、好機をつかむことに貢献するようなものとして決定され、選択される。**もしいくつかのコミュニケーションのオブジェクティブ（目標）が、組織の使命を究極的に達成することに貢献するように設定されているならば、ＰＲはその組織内で、戦略的な役割を果たしているということができる。**

オブジェクティブ（目標）については、無批判に受け入れられる傾向にあるが、一つ注意しなければならない点がある。オブジェクティブ（目標）設定の際に、それをより具体的に明確化しようとして、それが活動を束縛するようなものにしてはならないということである。マリンズは次のように述べている。

「オブジェクティブ（目標）を明確に設定することとは、コミュニケーションを助け、誤解を減らし、企業の業績を評価するのに有意義な基準を与えることとなる。しかし、新しい好機、潜在的な危険分野、スタッフのイニシアティブ、イノベーション、変革の必要性などの認識を損ねるような形でオブジェクティブ（目標）を設定してはならない」。

言い換えると、オブジェクティブ（目標）はＰＲキャンペーンやプログラムに活動の重点と方向性を与える利点はあるものの、そのために、計画が作成された段階では予想していなかった好機に対応する創造性や柔軟性を損ねてしまうことになってはならない。

## 目標や目的の定義

**エイム、ゴール、オブジェクティブの三つの用語は、あたかも同じ意味であるかのように使われている。**しかし、この三つの用語の特徴を区別する試みが行なわれている。たとえば、ジェイムズ・グラニグとトッド・ハントは辞書上の意味では同じであることを認めながらも、ゴール（目的）は、オブジェクティブ（目標）に比べて、より広範で一般的であると定義している。

**ゴール（目的）は一般化されたエンド（目的）である。**意思決定と行動のフレームワークを与えるものであるが、広範すぎて日々の意思決定を行なうには適さない。

一方、**オブジェクティブ（目標）は、目に見えるエンド（目標）である。**日々の問題に対する解決法として期待されるものであり、問題を解決できたかを評価するためのものである。

この違いをはっきりさせるための例をあげると、広報部のゴール（目的）は自分たちの組織を一般大衆に確実に受け入れてもらうことである。しかし日々の活動を計画し、評価するためには広報部のメンバーはもっと明確なオブジェクティブ（目標）が必要になる。つまり、ある特定の問題に対するその組織のスタンスを「何％の人びとに知ってもらうか」といった方針などを意味する。

ここでは、ゴールとエイムがオブジェクティブほど厳密ではなく、より広く定義されているということを受け入れ、オブジェクティブを理解し、適用することに専念することにしたい（訳者注：以下、エイム、ゴールを目的と訳し、オブジェクティブを目標と訳す）。キャンペーン全体の目的を設定することとは、なにかしら役立つかもしれないが、概して、これは測定することができない。**PRの提案や企画において目標と表現されているもののほとんどが曖昧なゴール（目的）でしかない。**典型的な例は、「〇〇の認知度を上げる」とか「〇〇の地位になる」といったことである。このような目的は、達成されるだろうが、定量化した要素を含めないかぎり、測定することができない。

純粋主義者なら、目標が測定可能でなければ、達成することはできないとさえいうかもしれない。なぜなら、その達成の事実が確認できないからだ。PRでは、たびたび「認知度を上げる」といった大雑把な成果をまったく不適切に設定しているが、これを目標とするのは、役に立たないだけでなく、間違いでさえある。ただし、広く一般的に、そのようなものが目標といわれている。

これが重要な点である。事実上あらゆるPR計画や提案では、目標がこのように曖昧に表現されている。これは、PR実務家のいいかげんな思考が原因ではない。むしろPR活動が広い範囲にわたるため、目標設定に独特の難しさが生ずるためである。**PRの企画立案は、しばしば、大まかなエイム**

**とゴール（目的）を提示することを必要とするが、それは明確で限定されたオブジェクティブ（目標）に裏打ちされなければならない。**ただし、言うは易く行なうは難しである。

注意すべきは、目的と目標との関係に関するこの解釈は、普遍的に受け入れられていないことである。米国のプランニングの専門家、ロナルド・スミスは、PRとマーケティングでは、ゴール（目的）は概括的に書かれていて、目標は具体的であると指摘している。しかし、ほかのビジネスの分野では、これらを逆の意味で使ったり、同義的に使ったりしている。PRの実務を分類・整理し発展させるには、本来の中身よりもむしろ用語の問題で悩まされる。このことは今に始まったことではないし、これが最後でもないだろう。

実際には、これらの用語（目標と目的）は、人によって違う意味で使われている。PRの実務家はどの定義を採用するかを決めたら、それを一貫して使い続けることが必要である。私たちは、スミスによってなされた定義を推薦する。それは次の通りである。

**「目的は、組織の使命やビジョンに根拠を置くものである。目的は、問題を認識し、組織がどのようにそれを解決したいと望んでいるかを日常的な用語で表現するものである。目的は、概括的な言葉で述べられているので測定はできないが、それは目標で補完される」。**

**「目標は、組織の目的から発生するものである。それは明確であり、測定可能な記述である。特定のレベルの認知度、受容度、行動を得るための方法を指定するためのものである。目標は、組織の大ま**

**図-29**｜目的と目標

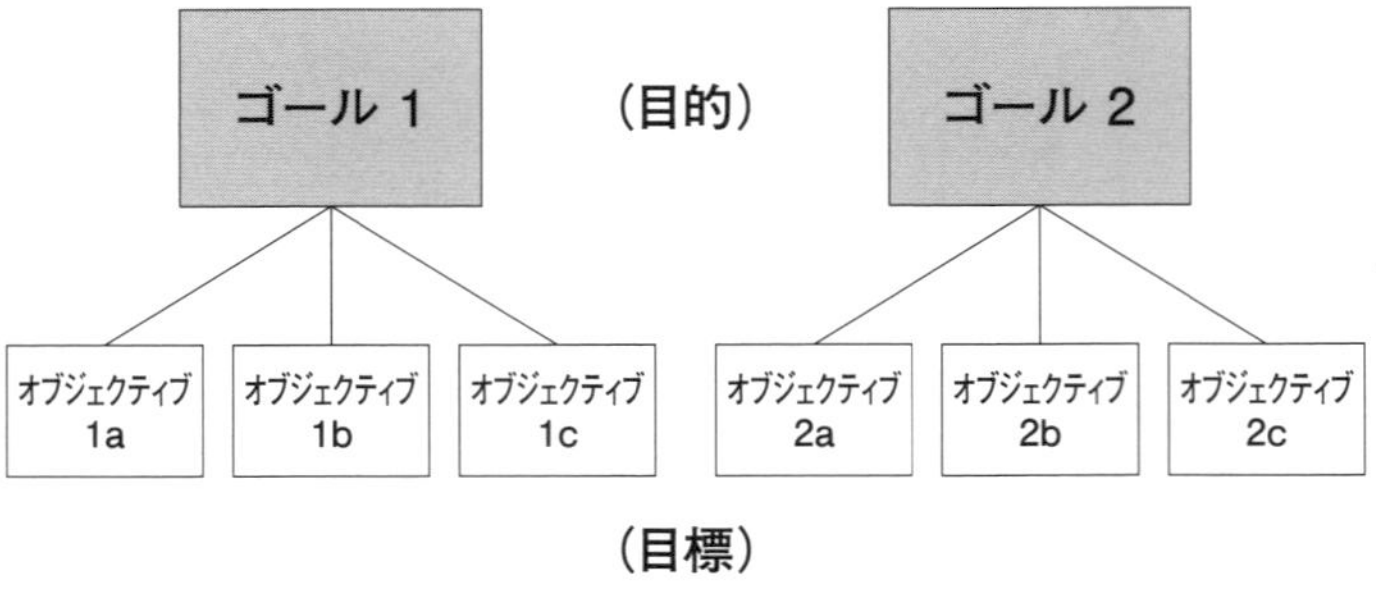


・ゴール(目的)は、広範で抽象的であり直接的には評価できない。
・オブジェクティブ(目標)はゴールから発生するものであり、具体的で計測可能である。オブジェクティブの達成はゴールを実現することにつながる。

**かな目的を踏まえて、コミュニケーション・マネジャーが作成するものである。目的と同じく、目標は成果に到達する手順を示すものではなく、想定された成果を対象とするものである。一つの目的からいくつもの目標を設定しうる」。**

これは、なにも新しい考え方ではない。グラニグとハントは、目的と目標の関係を強調する一方で、それらの違いについて説明している。これは、**図-29**に示されている。

目標という用語は、安易に使われてしまうことが多い。よって、関連した概念である戦略や戦術についても混乱が見られる。目標は、PRプログラムやキャンペーン活動が目指している到達点であり、戦略は、その到達点に行き着くための総合的なやり方である。戦術と混同してはならない。戦略を実行するためには、一連の特定の行動が必要となる。

もし、ある個人がA地区（ニュータウン）からB地区（スミスビル）に行きたいと思うとき、目標は、スミスビルに一定の時間までに到着することである。これは、その個人が知らない場所を理解するという大まかな目的を支えるものとなろう。ここで戦略の選択は、車、電車、飛行機、バスなど何で移動するかである。戦術は、選択した戦略によって決められる。車で移動することを選択した場合は、どのコースで移動するかが戦術になる。戦術は比較的変更しやすいが、戦略の変更は難しい。車を運転している際に、道を間違ってしまっても比較的素早く正せるが、車の移動を途中でやめて鉄道で移動することは、可能ではあるが混乱を招くし変更するには時間がかかることになる。

## 目標管理（MBO）

一般にビジネス上では、目標は目標管理（ＭＢＯ）の概念とよく結びつけられる。これは、ＰＲの常識以外のなにものでもない。すなわちコミュニケーション・プログラムの実施の前、その最中、その後を通して、目標が重要な役割を果たすこと、ＰＲとは管理のプロセスであるということである。

これは、現代の管理の思想において目標が果たす中心的な役割をさらに強化する。マーケティングの第一人者、フィリップ・コトラーが説明しているように、ほとんどの事業体は一連の目標を目指していうが、ＭＢＯを機能させるためには、それらの目標は、次の四つの基準を満たさなければならない。

■**目標は、最も重要でないものから最重要なものまで、重要性の順に並べる。**このようにすることで、広範な目標から特定の部署や個人に関する具体的な目標に移行することができる。

■**目標は、可能な限り、定量的に説明されなければならない。**

■**目的（および目標）は現実的でなければならない。**それらは、希望的観測でなく、事業体の機会や強みの分析から出てくるものでなければならない。

■**企業の目標は互いに矛盾しないものであること。**売り上げと利益を同時に最大化することは難しい。

これらは、次のＰＲの目標の議論でも繰り返し説明する。たとえば、目標の階層というのは、ＰＲの目標と企業の目標が、直接的または間接的にリンクしていることを示している。また、目標の定量化は、ＰＲ活動で繰り返し取り上げられるマントラ(*)になっている。現実的にいうと、ＰＲの目的はコミュニケーションの目標である必要がある。現実主義とは、追求する効果に対しても現実的であることを意味する。ＰＲの実務家は、自分たちの努力の結果をあまりにも楽観的に約束し期待してしまうという罠にしばしば陥ってしまう。これは短期的には絶頂感をもたらすかもしれないが、中長期的に

*マントラ　真理を表す密教の呪文

は、その後に、失望や幻滅が起こることになる。

古典的なMBOの考え方を注意深く考察すると、PR評価との明確な類似がわかる。それはサマティブというよりもフォーマティブであるということである。こうしたことからPRは、絶えず新しい手段を開発することを迫られていると主張されるが、もしPR実務家が、これまでに関係する分野で実際に使われ、試されてきたアイデアを借用する自信とセンスを持っていたら、もっと早く効果的な進歩が見られただろう。MBOという言葉が、半世紀も前から使われていることを考えてみればよい。

**MBOシステムの基礎原理**はマリンズによって次のように説明されている。

■**目標とターゲットの設定**
■**ある部門の目標と成果の基準について部門長の参加と合意**
■**結果の継続的な検討と評価**

これはPRの目標設定に直接適用でき、次の議論のなかで繰り返されるいくつかのアイディアを提示する。ターゲットを目標と並べることにより、プログラムを失敗に導くことなく、目標を測定することができることになる。成果の基準は、「いかにしてプログラムの成功を測定できるか」を考えることであり、それは計画が始まる段階であってプログラムが完了してからではない、ということを示す。そして、継続的な承認と査定は、ＰＲ活動の評価に対するフォーマティブおよびサマティブの二元的アプローチとなる。

## 目標の階層

ＰＲの主流の考え方からカトリップ、センター、ブルームは、目標管理の議論を、ゴール（目的）とオブジェクティブ（目標）そしてオブジェクティブ（目標）の階層の観点から統合している。

ＭＢＯ（目標管理）は、目的と目標の二つのレベルの成果に関連して機能する。目的は、プログラムの全体的な成果を説明するサマティブな記述であり、一般大衆に設定された個々の目標が達成されたときに成し遂げられるものを定めている。

目標は、明確なターゲット（一般大衆）に対して達成されるべき具体的な知識、意見、行動に関する成果を示していて、「重要な結果」と称される。成果の基準は特定の期限までに達成されるべき測定可能なプログラム効果の形式をとる。

実際、たいていのPRの専門家は、プログラムに設定された目標とプログラムの成果を比べる以外に、PR活動を評価する方法はないと論じるであろう。たとえば、ウイルコックスをはじめ何人もが、非常に大胆に、こう述べている。「PRの評価を適切に行なうには、まず明確に定義された計測可能な目標を設定することが重要である」。

彼らは、PRの評価に関する主要原則について四つのポイントを強調している。そのなかには、設定された目標の中身が、キャンペーンの立案と評価において重要な要素になるという認識が含まれている。

■設定された目標の達成度を判断する基準が合意されていることが前提である。
■PRプログラムを評価する方法を、プログラムの終了時ではなく、プログラムの開始時に考える。
■もし、目標が情報の提供・伝達であるなら、情報伝達がどれくらい成功したかについて評価を行なう。態度や行動の変化については考慮しない。
■もし、目標が動機づけをすることであるならば（その達成はより困難であるが）、PR活動の効果を定量化するために、PRの前後でどのくらい変化があったかを調査する必要がある。

これは、スミスがコミュニケーション目標の「秩序ある階層（ヒエラルキー）」と説明したものである。それらは、認知－受容－行動の三つの説得の段階を通る論理的な回路である。階層という言葉は、高いレベルの目標は、それより下位の目標を先に達成して初めて達成されることを示唆している。たとえば、人びとはまずあなたの会社の新商品を認知し、次いで商品に対し好意的な感情を持つまでは、その商品を購入しないということである。

権威の一人であるドン・スタックスは、ＰＲの目標には連続性があり、情報の提供（または、認知、知識）から、動機づけを経て行動に至ることを確認している。

**情報提供に関する目標というのは、キャンペーンやプログラムがターゲットとした人びとがどんな知識を持たなければならないか、必要としているかを設定することである。動機づけに関する目標というのは、情報提供に効果があったか、戦術が将来の行動に影響を与えたか、検証するものである。さらに、情報提供目標と動機づけ目標は、相互作用の関係にある。動機づけ目標が満たされていないとすれば、情報提供目標は、障害を取り除くために変更する必要がある。行動をとらせるという目標は重要なものであり、最終的にキャンペーンの成功、失敗を判断するものになる。**

私たちは直感的に、認知・知識に関する目標は、ＰＲの目標のなかでは、最も一般的で、達成しやすい目標であると考えがちであるが、それを測定することは相対的に難しい。調査研究は必要ではあるが、実務家はもっぱらメディア報道を測定することで、その効果を推測しており、証明してはいない。効率的なメッセージの配信が認知に変化をもたらすこととはならないし、メッセージの露出（報道）が必ずしも認知度を上げることにはならない。

認知の目標は、そして動機づけの目標でさえ、行動の目標を追求するための過程の目標と考えられる。**スタックスも指摘するように、行動は最終的なエイム（目的）になる。しかし、それは必ずしもPR・コミュニケーションの領域ではない。製品の販売はマーケティング・販売の目標だと考えられるが、商品の認知度を上げ、購入の動機づけを仕事とするPR・コミュニケーションの目標が、これを支えている。**

行動の目標は達成することがより難しいが、認知や動機づけの目標に比べて、測定しやすいことが多い。行動目標は測定可能なデータに基づくもので、定量化され、黙示的でなく直接的に観察できる（すなわち、販売量とかイベントの参加者数などである）。

要するに、行動は認識効果より容易に観察することができる。しかし行動を取るように促すことは、より難しい。次は三つのレベルの成果を目指すPR目標の例である。

■知識・認知に関する成果：英国で住宅を所有している人のうち、煙感知器が、住宅の火災で死亡または重傷に至る危険性を半減させるとを認識している人の数を、6ヵ月以内に20％増やす。

■動機づけ・性向に関する成果：12ヵ月以内に、確実に、地域住民の少なくとも75％が空港に対して好意的な態度を持つようにする。

■行動に関する成果：事業年度末までに、会社の指定するチャリティーに所得比例方式により寄付をする社員数を13％から25％に増やす。

## 目標の具体化

**目標に適用される最も一般的な頭文字はSMARTである。**しかし、その解釈の仕方は専門家によって異なっており、場合によっては、SMARRTTにもなっている。

■**Specific（具体的であること）**：目標は、明解で、正確で、達成されるべきことについて方向性を与えるものでなければならない。

■**Measurable（測定可能であること）**：定量化された測定の記述（パーセンテージとか、達成されるべき絶対額とか）はキャンペーンの正確な評価を可能にする。

■**Achievable（達成可能であること）**：設定された目標を達成するための資源がなければならない。

■**Realistic（現実的であること）**：適切な資源に加えて、目標は達成できるものでなければならない。

■**Relevant（適切であること）**：目前の仕事に対して、目標は適切なものでなければならない。

■**Targeted（標的を定めること）**：すべての目標は、対象となるターゲット層に関連するものでなければならない（複数のターゲット層に対しては、それぞれ別々の目標がなければならない）。

■**Timed（期限を定めること）**：いつまでに目標を達成するかを示す明確な時間枠があれば、それによってキャンペーンの監視が可能になり、評価を行なうことができる。

ある大手の日用品小売業の広報部門では、「あなたの目標はＳＭＡＲＴですか？」と部署の壁に貼り付けている。同じようなことは、他の知名度の高い多くの企業についてもいわれている。しかし、そのようなスローガンにもかかわらず、志の高さや響きのよさだけに溺れ、結局のところ目標に対する啓発効果はないというのが通常である。たとえば、リッジウェイは、次のよう述べている。

> **目標が効果的に測定されるためには、目標は明確に定義されなければならない。認知度を上げるとか、態度を変えさせることが目標であるということは意味がない。それでは十分ではない。「何の」と「誰の」という質問に対する答えを含んでいなければならない。それはターゲット層を定義することにつながる。**

しかし残念ながら、リッジウェイが懐中電灯を製造している小さな会社に対し与えたメディア対応プログラムの目標は、このアドバイスとの矛盾が見られる。

i　ごく最近の製品の認知度を上げる。

ii　これらの製品は最新のものであって、現代人にとって、非常に有益だということを示す。

iii　信頼できる企業だというイメージに加えて、進んでいる企業のイメージを与える。

これと対照的に、マーケティングの学者でコンサルタントのポール・スミスは、SMARTの原則のいくつかを含むコミュニケーションの目標の例を示している（PRだけでは全部は達成できないものもあるが）。

■キャンペーン開始から8週間以内に、中産階級に属する25歳から45歳の女性の認知度を35％から50％に上げる。

■12ヵ月以内に、チョコレート愛好家の70％に、その企業が最も親しみやすいメーカーだと見なしてもらう。

■2年間で、ギネスは古臭くてダサい、年寄りの飲み物であるというイメージから、おしゃれな若者の飲み物だと、25歳～45歳のお酒を飲む男性から見られるように変える。

■コピー機のブランドを、英国の社員1000人以上の会社の少なくとも50%から、好きなブランド（あるいはナンバーワンのブランド）として見られることを維持する。

■中産階級に属するワイン購入者のうち20%に、12ヵ月以内にブルガリア産ワインを購入するワインのレパートリーに入れさせる。

■開店の1週間前に、周辺の地域住民の50%に、新しく開店する店のことを認知してもらう。

■セール開始の発表をして、セールの1日前までに70%の認知度を生み出す。

ブルームとドージァーは、**目標の組み立て**についてさらに詳細な説明をしている。意図した変化、ターゲットの人びと、達成すべき成果、望ましい変化の量、成果を達成する期限などについて次のように議論している。

1. **意図した結果の方向性を示す動詞で表す。**それには、「増やす」、「減らす」、「維持する」の三つの可能性がある。
2. **達成すべき成果を明確にする。そこにも三つの可能性がある。**すなわち、「知識」、「性向」、「行動」。それぞれの目標に関して、具体的な成果を一つだけあげる。

3. **変化の大きさや、維持するレベルを測定可能な言い方で述べる。** そのキーワードは定量化でき、現実的であること。経験に基づく判断とベンチマーク・データの組み合わせにより、成果のレベルを設定する。

4. **成果が達成されるべき期限を設定する。** 一般的には、成果は一つ達成してから次の成果というように、必ず順番に達成されなければならない。

英国PR研究所は、目標に関するブルームとドージァーの意見に同意し、SMARTのなかで、重要ながらしばしば無視される要素である測定可能性について次のように述べている。

1. **望ましい成果を具体化する**（認知度を上げる、関係を改善する、好意度を上げる、商品の購入を先導するような顧客のグループを創出する、など）
2. **個別もしくは複数のターゲットの人びとを明確化する。**
3. **測定可能にする**（理論的にも実際的にも）
4. **手段でなく、結果に目を向ける。** もしあなたの目標がなにかをする手段を描いているなら、それは戦略であって目標ではない。
5. **目的が達成されるべき時期**、たとえば、7月1日までに、などの時間枠・期限を含めること。

このアドバイスは、一つの目標に複数のターゲットを含めている、と批判される可能性があるかもしれない。私たちのアドバイスは、PRの企画者は、異なるターゲットの人びとに対しては、それぞれ異なる目標を設定すべきであるというものだが、実際には異なったターゲットの人びとに対して、同じような、あるいはまったく同じ目標が設定されることがしばしばありうる。

## 目標の性質

PRに関する目標の達成度は、時に、簡単に評価できることもある。ある法律を改正しようとする政治活動は、成功するか失敗するかの問題である。しかし多くの場合、PRの目標の達成は、単純な成功か失敗かの二者択一の問題ではない。**目標の性質は、どのようなタイプのPRキャンペーンが必要とされるか、何が達成されるべきなのか、それゆえにどのようにキャンペーンが評価されるべきか、に影響を与える。**

- **PRの目標の性質は、事実上考えうるあらゆる基準によって変化する。**
- **目標の性質は、キャンペーン・プログラムを評価するのに必要なテクニックを決定する。**
- **行動を起こすための目標は、より単純な効果の達成を狙った目標に比べ、より達成が難しい。**

コミュニケーションが何を達成しようとしているのかに関してさまざまな見解があり、その複雑さゆえ、多くのマネジャーがプロモーションの目標を設定できていないとクリス・フィルは述べている。フィルによれば、往々にして、設定された目標は、不適切、不十分であり、ただ単にマーケティングの目標を焼き直しているのにすぎない。販売促進に関する目標の設定では、考慮に値するマーケティングの他の要素を受け入れてはいない。これについては二つの考え方がある。販売に関する手段が主要な要素だと主張する学派と、コミュニケーションに関する手段が主要な方向だとする学派がある。

フィルが「販売学派」と呼ぶものには多くの問題点がある。それは、プロモーションの費用の効果を測定する、唯一の意味あるものは、販売結果であるとするものである。

1. 販売の結果は、マーケティング関連の影響だけではなく、より大きな社会的、政治的あるいは技術的環境の影響などから生じる。
2. プロモーション活動は、最終的な購買の決定に影響を与えるかもしれないが、それが明らかになるには、時間がかかる。
3. 販売に関する目標は、コミュニケーション・プログラムを発展させることにほとんど役に立たない。つまり、販売の目標には、フォーマティブな役割がないのである。

しかしながら、少なくとも場合によっては、販売重視の目標は適切であるという議論がある。特定のチャネルを通して得られたメッセージから直接的な反応を求める場合である。成熟した市場における小売業者は、しばしば、販売に表れる反応を広報活動を評価する際に役立たせる。すなわち、顧客カードおよびデータベースがコミュニケーション活動に対する顧客の反応を形に表し、評価するのに非常に有効となりうる。

販売高はもちろん唯一のゴール（目的）ではない。コミュニケーション・キャンペーンの目指すものは、組織または商品のイメージや評価を高めることである。このプロセスを理解するために、多くのモデルが開発されている。現在の課題は、コミュニケーションの目標と販売の目標を、互いに矛盾しない形で、さらに測定が可能であるようなやり方でリンクさせることである。

**コミュニケーション・プログラムの最終的な効果は、（購買行動など）行動に対するものである。しかし組織の究極の目標を達成する過程の一部として、認知に関する効果も求められる。たとえば、英国のマーケティングの教授であるピーター・ドイルは、ＰＲはかなり効果的であり、ＰＲキャンペーンはしばしば認知や態度の変化をもたらすものだと述べている。しかし、営業成績に影響するさまざまな要素のなかからＰＲの効果のみを取り出すことは難しい。**

たとえば、フィリップ・コトラーは、新商品が受け入れられるのには、五つの段階が踏まれると説明している。

1. **認知**：消費者が新しい商品を認知するが、それに関する情報が欠けている。
2. **興味**：消費者がその新しい商品の情報を探してみようと刺激される。
3. **評価**：消費者がその新しい商品を試してみるかどうかを検討する。
4. **試み**：消費者が商品の評価が正しいかどうか判断するために、商品を試してみる。
5. **採用**：消費者がその商品を全面的、恒常的に利用することを決定する。

特色のある歯磨きが新発売されたとする。消費者はテレビの広告キャンペーンによって、この新製品のことを知り、詳細を知りたいと思う。そして、ＰＲ活動の一部として掲載されることになった消費者雑誌の記事を通して詳細を知る。消費者は、その雑誌から適度に好印象を受けて、地元のスーパーに定期的に買い物に出かけ、その歯磨きの販促で半額のお試しセールに気がつき、購入を決断する。

ＰＲキャンペーンにより、適切なメディアで適切に取り上げられなかったなら、その歯磨きは購入されなかったであろう。しかし、販売の目標が、ＰＲ活動の目標として設定されるということはありえない。というのも販売を取り仕切るのは販売促進部であり、そして、販促を担当する代理店が販売の結果を自分たちの手柄にしたがるからである。

ＰＲは必要不可欠ではあるが、マーケティングの目標、企業の目標を達成するための唯一の要素ではない。そのためＰＲにおいて目標の設定は、なかなか難しいことが多いし、その結果、ＰＲ活動の評価も難しくなる。単純にいえば、評価とは、設定された目標が達成されたかどうかを決定することであるからである。

「ＰＲの呪い」とでもいえる悲観的な考え方をしたくなることがある。つまり、ＰＲだけで達成することができる目標には測定する価値がないし、測定する価値がある目標はＰＲだけで達成することができない、というものである。これは、市場販売支援の役割にＰＲを使うときに最もよく当てはまる。

**マーケティング・コミュニケーション・キャンペーンの目的は、多くの潜在顧客をあるレベルから次のレベルに動かすことである。しかしながらＰＲは認知度を上げるなどの初期の段階では効果的であるが、コミュニケーション・プロセスの終盤では、他の要素がより効果的になる。**そのため、販売を左右する後者が、称賛を浴びることになる。しかし、ＰＲキャンペーンがその新商品の認知度を上げて、消費者の絞り込んだ買い物リストに載せるのに成功しなかったら、他のすべての努力は無為に終わるであろう。したがって、ＰＲ単独では機能せず、その効果も認知のレベルになりがちであるから、効果があるのは採用プロセスの初期段階であり、終盤の行動への効果ではない。

もし、ＰＲの評価が目標の設定に密接に結びついているなら、評価プロセスもそれらの目標のさまざまな性質を考慮しなければならない。目標の達成がＰＲによって完全にコントロールできる範囲にある目標は、せいぜいプロセスにおける特定の目標、つまり、メディアに報道してもらうことなどであり、これは、評価が比較的簡単である。

本当にインパクトのある目標の実現に対するPRの役割は重要であるが、それはしばしば部分的なものであって、プロセスの初期段階にある。しばしばPRは相互補完的なコミュニケーション活動のための有効な土台を提供する。このような状況のもとでは、PRの貢献を分離して測定することは複雑なものとなり、「目標による評価」を純粋に行なうことは不適切になる。

## プロセス上の目標

目標の設定に対するより現実的なアプローチに加えて、目標設定の迷路から私たちを導いてくれる有益なコンセプトがある。そのことについては、これまで示唆はしたが、きちんと説明をしていない。それはプロセス上の目標という概念である。これは一見、矛盾した表現に見える。目標とは終点であるが、プロセスとはその終点にたどり着くことに向けて動いていることを指すからである。

米国の著者、クラブルとビバートは、目標による評価を六つの評価基準の最後のものとしてあげる際に、一般的なテーマを明確にしている。彼らはそれを目標による管理（MBO）に基づいた評価システムと説明している。これは、議論をPR評価で目標が果たす重要な役割とMBOの概念に結びつけるものである。**「PRが、目標のシステムによって管理されるときに、PR活動の測定はそのシステムに組み込まれる」**。

PRにおけるMBOには二つの主要な局面がある。目標は、PRマネジャーとスーパーバイザーの間で相互に導き出される。そしてこれらの目標は、何をいつまでにやるべきかを定義した、一連の中間のゴール（目的）を設定する必要がある。PRのプロジェクト、プログラム、課題などが目標によって管理されるとき、それらの目標はPRマネジャーとスーパーバイザーの2者の協議の結果となる。

ここから、プロセス上の目標の概念が出てくる。これは有益なコンセプトである。**プロセスが複雑で、最終的なインパクトはさまざまな影響の結果であり、PRはそのうちの一つにすぎない。**プロセス上の目標は、前述したニュータウンからスミスビルへの旅行者の話で説明できる。ニュータウンを出発してかなりの距離を進んだときに、スミスビルまで残り10マイルであると示した標識を見つける。この標識はいわゆるプロセス上の目標である。それは旅行者がスミスタウンに必ず到着することを保証しない。しかし、その標識は、彼が正しい方向で進行してきたことを意味し、その選択した道を進み続けることで目的地に到達する（目標の達成）可能性が高いことを意味している。

**したがって、多くのプロセス上のオブジェクティブ（目標）によって支えられた広範なゴール（目的）の組み合わせによって、理想的な目標に近づくことが可能である。これは、コミュニケーションの過程の複雑さゆえに、SMARTによるPRの目標の設定ができない場合に当てはまる。しばしば、P**

**Rでは、SMARTに基づく目標は完全に達成できるものではなく、目指すべき理想である。**

しかしながら、ここには危険が伴う。プロセスを強調しすぎることで、コミュニケーション活動が、確認できる効果を得るためというより、それ自体のために行なわれる、という発想をさせることである。プロセス上の目標は、代替的な目標を作ってしまう危険性がある。しかし、このリスクが正しく理解されれば、それらは評価するための有効な要素になる。それはコミュニケーション努力を表す標識になるが到達点ではない。

この点を強調するために、英国PR研究所による、プロセス上の目標に関する批判論を指摘することで、この章の議論を終わりにする。

> **概して、「マスコミに取り上げてもらう」とか、「新製品を発売する」、「PRキットを作成する」といったプロセス上のゴール（目的）からは、適切なオブジェクティブ（目標）にはならない。それは、より広範な組織のゴール（目的）に関係しておらず、具体的で意味のあるやり方での測定が可能でないからである。これらのプロセス上の目標に代わる有益な方法は、「(これこれの）目的を導入する意図は何か?」と自分に問いかけることである。それによって、明確で実施可能な目標により近づくことができる。**

**図-30**｜ある販売セミナーの目標

- 少なくとも100人の参加者があり、そのうちの80%は意思決定者もしくは強い影響力を持っている人たちであること。
- 参加者の80%がセミナーに参加した目標が達成されたと考えること。
- 参加者の80%が、また次のセミナーに参加したいと考えること。
- セミナーの全体の評価が平均3.5以上であること。
- セミナーの計画・編成についての評価が平均3.5以上であること。
- 情報の有用性についての評価が平均3.5以上であること。
- セミナーの講師の評価が平均3.5以上であること。
- 宣伝資料キットを受け取っていない参加者のうち、80%がそれを要望すること。
- 参加者の80%が、今後のこのセミナーの案内をもらいたいと考えること。
- 少なくとも5回の正規の営業会議がセミナーから直接起こること。
- セミナーに参加したジャーナリストの80%が、6ヵ月以内になんらかの形で資料を使用すること。

目標の設定に当たっては、**図－30**を参照されたい。これは、きわめてSMART的なものであり、イベント管理といったプロセス上の目標から、実質的に販売を先導するような事柄にわたっており、アンケート調査で確認ができる。

# 第9章

# PR評価の今後

Future developments——将来の発展

## オンラインPR活動の測定

オンラインのPR活動をモニターするということはPR評価のなかでも〝ブラックホール〟である。PR実務家の多くはデジタル時代前に生まれ、その多くがデジタル時代前にPRの実務を始めたので、彼らにはネット環境は居心地がよくないのである。彼らはオンラインの記事をまるで印刷媒体のようにモニターする。マーク・プレンスキーは、コンピュータゲームのない世界など想像すらできない**「デジタル・ネイティブ」**（生まれついてのデジタル人間）ともいうべき若年層と、デジタルテクノロジーの急激な変化に対応しデジタル社会への移住を余儀なくされたその上の年齢層、**「デジタル・イミグラント」**（移民）との間の深い亀裂について語っている。オンライン媒体の測定について業界リーダーたちは、「非常に困難だ」、「紙媒体を評価するのと同じようにする。すなわち、クリッピングを集め、コンテンツを分析し、他のメディアと並べて記録する」、「重要メーセッジの発信、サイトへのヒット数」と回答している。

一方、キーワードサーチを使ってメッセージや論争点をウェブ上で検索して探し出す専門的なサービスを開発した者もいる。グーグルのような大手の検索エンジンやモアオーバー・ドットコムのような専門家の無料サービスも提供されている。

タバコに関する政策など大きな議論を巻き起こしている分野では、反対派の団体が毎日、ニュースサービスを行なっている。たとえば、tabacco.orgというタバコに関するサイトでは毎日世界中のメディアからニュースを取り込みカテゴリー別にして、アーカイブもつけて提供している。それは、世界中の喫煙反対者や公衆衛生支持団体を結ぶのに非常に重要なものになっているが、皮肉にもそのようなサイトが、タバコメーカーに競争相手やタバコ反対者の動向をモニターする無料サービスを提供する結果になっている。

さらに難題なのは、ニュースグループとチャットルームのモニターである。彼らは、そのサイトを素早く作ったり作り変えたりできるからだ。彼らの信用と影響力を評価するのには、さらなる財政的、人的資源を必要とし、印刷媒体や放送媒体を毎日・毎週モニターするのと同様にはできない。

この問題については、デービッド・フィリップスが『オンライン・パブリックリレーションズ』で詳細に述べている。フィリップスは、**ウェブサイトにおける評価の要素**を次のように指摘している。

- **ニュースグループでの言及**
- **サイトへのハイパーリンク**
- **サーチエンジンのランキング**
- **オンライン媒体としてのサイトの認知度**

## ■ネット上で情報が伝達されるスピード

このような要素に基づいて、企業サイトと、メッセージの発信および対立メッセージとのマトリックスを作ることができる。インターネットは絶えず拡大しているので、サイトが散在し、サーチエンジンのランキングが変化するなかではメッセージを完全に見失ってしまうことは大いにありうる。フィリップスの掲げた要素をモニターすることによって、オンラインＰＲ活動により、どれだけメッセージが受け取られたか、日々、検証することができる。これには対応メカニズムを築くことが必要である。

インターネット・サーチ分野ではメディア・モニター代理店は強力な大型サーチロボットを日々のチェックに使用しているとフィリップスは指摘している。対象分野は、ニュースのサイト、メールマガジン、ニュースグループ、電子掲示板、メタ・サーチエンジンなどである。メタ・サーチエンジンは、新しくインデックスがつけられた関連のコンテンツで主要サーチエンジンに追加されたものをチェックするが、それらのカタログのインデックス化をやり直すのに最高６週間もかかる。

対消費者ＰＲに使える追跡ツールがある。「オーストラリアＰＲ専門家協会」では、インターネット上の質問や問い合わせなどを直接ＰＲ活動にリンクさせるのにそのツールを使っている。同協会のクララ・ザワウィ部長は、こう説明している。「私たちはサイトの活動をモニターするだけでなく、どこからヒットがありそれがその後どこのサイトに行くかをモニターできる、独自に開発したツールを持っている。たとえば、ニュージーランドの新聞社、オークランド・ヘラルドのサイトにオーストラリア観光委員会（ＡＴＣ）の記事が掲載されているとすると、どれくらいの人がオークランド・ヘラルドのサイトからＡＴＣのサイトにジャンプして入ってくるかが追跡でき、その後、航空会社や旅行代理店など、どこのサイトに移るかもわかる」。これによって、コンサルティング会社はメッセージの配信と受け取りを測定し、クライアントに、投資に対してどれだけ効果があったかを証明することができるようになる。

オンラインＰＲでのもう一つの困難な問題は、特に企業にとっては、組織の破壊を目的とした悪質な「不正サイト」の存在である。このようなサイトを見つけるのは容易であるが、それらには正確さ、ジャーナリズム・スタンダード、編集管理上の責任を常に果たしているわけではない。「不正サイトは全世界の一般大衆利用者に届く可能性があり、彼らに、そのようなサイトは魅力的で楽しいと感じさせ、いい加減なことを事実として信じさせてしまう。すなわち、企業に対する懸念や失敗、欠点を宣伝する」。

主要な世界的ブランドや多国籍企業のほとんどがこのような悪質サイトを監視し、その活動について注意している。マクドナルドを批判するために立ち上げられた「マックスポットライト」はこの手の悪質サイトとして最もよく知られているものの一つである。英国では、長期の訴訟沙汰になっており、最終的にはそのサイトを運営する二人の活動家に対する事実認定が行なわれることになった。しかしながら、この非常に大きなサイトは、多くの国で模倣され、今も運営されている。

オンラインの環境を監視することによって、PR実務家は活動家の動きを追跡することができる。不正サイトを見つけた場合、そのサイトの重要性を検討してオンラインやオフラインでどのように対応すべきかを決める必要がある。そのとき実務家がよく直面する問題は、批判・攻撃を行なっているのが誰なのか特定できないし、接触できないことである。それゆえ、このような状況では面と向かい合って話し合うことや交渉は不可能である。したがって、検討すべきことは、企業のウェブサイト上でその攻撃に応えるべきか、主流のメディアやステークホルダーに企業の立場を訴えて説明するかである。一般に使われている戦略は、企業のウェブサイト上で悪質サイトへのハイパーリンクを入れてしまうことである。

## 危機におけるコミュニケーションの有効性の評価

ニューヨークとワシントンで起きた恐ろしい9・11同時多発テロ事件は、危機状況におけるコミュニケーションの有効性に焦点を当てることになった。マンハッタン南端部への攻撃によって、本社が崩壊したり、ひどい損害を受けた企業の多くが、外部とのコミュニケーションを取る手段を完全に失ってしまった。中心的スタッフ、危機管理計画のファイル、ウェブサイト、あらゆる通信能力や活動の拠点のビルなどすべてを失った。

この恐ろしい同時テロ事件は、以下の二つの結果をもたらした。つまり、企業は今日では、単独の攻撃では機能不全にならないように、分散モデルの危機管理計画を作成するようになったことであり、また危機状況下の行動をモニターし測定することをより重視するようになったことである。

9・11のような事件が再び起きる可能性は非常に低いと考えられるが、ほかにも考慮されるべき危機状況がある。工場の事故によって負傷者を出したり、環境破壊を起こしたりすることから、製品のリコール、敵対的買収、政府との対立や法的な争いまで、広範囲にわたる。このような危機の可能性について企業のPRマネジャーは常に考えておく必要がある。

ジェイムズ・グラニグは次のように述べている。「意思決定の前に、大衆とコミュニケーションをすることとは、問題や危機の解決には最も効果的である。そうすることでマネジャーは、大衆が後から騒ぎ立てることにならないような決定を行なえることができるからである」。このことはわかりやすく言い換えると、プランニングやコンサルティングが「予想外の結果の法則」を避けるのに役立つ、ということである。

グラニグは**危機管理コミュニケーションの四つの原則**を提案している。

■**リレーションシップ（関係）原則**：企業は、主要な利害関係者との間にしっかりしたよい関係を築いていたら危機を乗り越えることができる。

■**アカウンタビリティ（説明責任）の原則**：企業は、たとえその危機が自らの過失によるものでなかったとしても、その危機に対する責任を受け止めるべきである（たとえば、脅され、汚名を着せられた製品をリコールする場合）。

■**ディスクロージャー（情報公開）の原則**：危機においては、企業はその危機や問題について知っているすべてを公表すべきである。もしただちに答えることができない場合は、新たな情報が手に入りしだい、すべてを公表することを約束しなければならない。

■**シンメトリカル・コミュニケーション（対称的意思疎通）の原則**：危機においては、大衆の関心は企業の関心と同様に重要であると考えるべきである。

潜在的危機に対して、以上の原則からいかに企業が対応できるかを考えるためには、企業は、従業員、顧客および他のステークホルダーの間で話題にされ、メディアで問題となっている事柄をモニターする必要がある。メディアの精査には、従来型の活字・電波媒体だけでなく、インターネット・チャットルーム、ニュースルームなども含めるべきである。

ペインは、リンデンマンの「3段階モデル」（第5章参照）を使って、有効性を測定する三つの要素を提案している。

1. **アウトプットとプロセスの有効性の測定**：重要なメッセージが伝達されているか、誰に伝達されているかを見極めるために、絶えずメディアをモニターする。

2. **インパクトの測定**：メッセージが意図された効果をもたらしているか、メッセージが信用され、世論に影響を与えているかを判断する。

3. **アウトカムの測定**：危機が企業の評判、売り上げ、社員の離職率、株主の信頼などさまざまな要素に影響を与えたかを測定する。

「どのタイプの測定方法を選ぶかは、よりよい意思決定ツールに対する社内のニーズによって決定される」と、ペインはアドバイスしている。IBMやナビスコ、リーバイ・ストラウス、コダックなどの企業の状況を分析したなかで、ペインは次のように述べている。「しっかりとした危機管理のもとで、経営陣が積極的に問題に取り組むことにより悪いニュースを素早く片づけることができるが、対応がまずいと、危機はずるずると何ヵ月間も続く」。ペインによると、「積極的に取り組む」とは、反応が素早く、的確であり、明確にメッセージが伝えられていることを意味する。

ペインが引き合いに出したケーススタディを使うと、グラニグの危機のコミュニケーションの四つの原則のうち三つの原則は比較的容易に当てはめることができる。しかし四つ目の法則、シンメトリカル・コミュニケーションを、危機に適用するのは、他の原則より困難であり、おそらく本質的に不可能である。

### リレーションシップ

ジーンズで有名なリーバイ・ストラウス社は、業績が悪化したために、11の計画中止と約6400人の従業員の一時解雇を決定した。ペインはリーバイ・ストラウス社が、一時解雇の発表と同時に、この一時解雇によって影響を受けるすべての地域社会に対して補助金を出すことを発表するという、今までにないやり方をとったと述べている。「その結果、マスコミの報道は最初の1週間は急増したが、その後は沈静化した」という。この「奇抜な」やり方によって、リーバイ・ストラウス社は、マスコミが取り上げるのを1ヵ月以内に抑え、その場しのぎのコミュニケーションによって生ずるプレッシャーをあまり受けることなく、地域社会との関係が修復できた。

### アカウンタビリティ

オドゥワラ天然果汁団体が販売したリンゴジュースを飲んで病気になり、不幸にも、子供が一人亡くなるという事件があった。ペインは、他者の責任にすることなく、オドゥワラがその責任を引き受けたため、その危機を3週間という短期間で解決して、訴訟を避けることができたと述べている。メディア分析によると、事件当初、ピークに達した報道は、その後は先細りになって、3週以降はほとんどなにも報道されなくなった。

## ディスクロージャー

リーバイ・ストラウス社とは逆のケースがコダック社で起きた。同社は、将来の戦略に関するリークに悩まされ、メディアやステークホルダーの間で、長期にわたって危機が囁かれた。「予想される解雇に関して、いくつものリークが続いて、結局、解雇は発表されたのだが、その人員削減は十分でなかったために、さらに解雇を発表しなければならなかった。その結果、否定的なニュースが数週間にわたり報道された」とペインは説明する。コダック社がリーバイ・ストラウス社のようなオープンですべてを一度に明らかにする発表の仕方をしていたら、よい関係を構築することができて、これにうまく対処できていただろう。しかし、同社の戦略はメディアに追跡されて、3ヵ月の間に3度も否定的な報道が集中的に行なわれた。

## シンメトリカル・コミュニケーション

これは、ＰＲ実務に関する、グラニグの新しい用語法である。基本的には、リレーションシップ、アカウンタビリティ、ディスクロージャーをすべて合わせたもので、市民の安全のためのシナリオに組み込まれているものである。最も有名な商品リコールの例としては、ジョンソン・エンド・ジョンソン（J&J）が、鎮痛剤タイレノールに毒物を入れられて、完全に売り場から取り除いたというものである。これはグラニグのシンメトリカル・コミュニケーションに最も近い例ではあるが、グラニグが通常、説明しているものとは同じではない。タイレノールの事例では、J&Jの行動は、消費者を守り企業と商品の評判を守るために倫理的、商業的な判断からとられたものであった。北米でタイレノールが現在も尊敬され、人気のある商品であり続けているのはこの行動の功績である。しかし、これはグラニグが20年以上前から提案してきた、企業と一般社会との間のバランスのとれた継続的な対話とは正確には異なる。

**危機が終わった後は、評価を行なうことで企業の立場を知り、将来の戦略や危機管理コミュニケーションのあり方についての教訓を得ることができる。ペインは、検討すべき問題として次のようなものをあげている。「消費者の態度が変化したか？　従業員の離職率は上がったか？　株価は下落したか？」。これらに規制官庁、マスコミ、商売上のパートナー、従業員とその家族らの態度についての質的・量的変化の判断を加えることができる。**

危機管理コミュニケーションは、それ自体重要な課題であるが、メディア分析や、態度・認識に関する測定が、危機の進展度や深さをモニターするのに重要な役割を果たす。それらはいかに管理し対応するかの戦略を教えてくれる。しかし、グラニグのリレーションシップ、アカウンタビリティ、ディスクロージャーの原則をそれらの戦略の根本原則とすべきである。

## 組織・企業と大衆との関係の評価

危機管理コミュニケーションの視点からPR活動を評価するという考え方は、広範囲に適用することができる。PRの最終的な目的は、組織・企業とそのステークホルダーとの関係を構築し強化することであるというコンセンサスができつつある。ウォルター・リンデンマンはこのコンセンサスを、アウトプット（産出結果）、アウトテイク（中間的成果）、アウトカム（成果）を生み出すというPR活動に関する標準的見方と結びつけている。しかし、彼はアウトテイクを捨て、「長期的関係の成功・不成功の測定」を付け加えている。

**組織にとってPR活動のアウトプットとアウトカムを測定することは重要なことだが、さらに重要なことは「関係」を測定することである。**なぜなら、ほとんどの組織にとって、アウトプットとアウトカムを測定することは、実施された特定のPRプログラムやイベントの効果についての情報を提供するだけである。「どのようにしてPR実務家がマネジメントに対して、組織全体にとってのPRの総合的な価値を正確に指摘し、文書化し始めることできるか？」というはるかに広範な問題に答えるためには、これまでと異なる技法やツールが必要とされる。

グラニグとホンは、PRにおけるコミュニケーション・プログラムの結果として、戦略対象となるステークホルダーとの良質の長期的関係ができるときには、PR活動が組織の価値を高めるのに貢献するということを示す研究を検討した。それには四つの特徴を持った2種類の関係があるとしている。それらの関係とは、

■**エクスチェンジ（交換）**：これは、「ある人A（または組織）が他の人Bに、便益を提供するのは、過去にBがAに対して便益を提供したか、または将来、便益を提供してくれると期待できるときだけである」ということを想定している。便益を受けると、Aは、その好意を返すべき義務または借りができたことになる。エクスチェンジ（交換）は、組織と顧客との間のマーケティング関係の核心である。しかし、グラニグとホンによれば、これでは十分ではないという。というのも一般大衆は、組織に対し、自分自身への直接的な見返りを期待しないで、地域社会のためになにかをすることも望んでいるからである。

■**コミューナル（共有）**：この場合は、「人びと（または組織）は、他人のためになることに関心を持

っているので、なにも見返りがないと思うときでさえ他人に進んで利益を提供する」ということを想定している。**「PRの役割は経営者に、企業は顧客とのエクスチェンジ（交換）の関係に加えて、従業員、地域社会、政府、メディア、株主といったグループとのコミューナル（共有）な関係を必要とするということを納得させることである」。組織というものが、社会的に責任ある行動を取り、顧客だけではなく社会に対しても価値を付加するものとすれば、コミューナル（共有）の関係は重要である。**

## 関係の種類と質

グラニグとホンはさらに、対人関係の成功を示す指標となるとともに、**組織と社会との関係の成功にも当てはまる四つの事項**をあげている。それらを重要度の順にならべる。

■**相互関係のコントロール**：これは、ある関係において、コントロールを受ける人または組織が、それに対してどの程度、満足しているかを示すものである。多少バランスがとれていなくても、最も安定した良好な関係は、当事者が、相互にある程度の影響力（コントロール）を有するところに成り立つ。必ずしも双方対等である必要はない。信頼に基づいて、影響力（コントロール）を譲ることになる。

■**信頼**：当事者双方が相手に対して持つ信頼度と、進んで相手方に心を開く程度のこと。それには三つの要因が重要である。

・**誠実性**　組織は公正で公平と見られる。

・**信頼性**　すると言ったことを必ずする。

・**能力**　すると言ったことを実行する能力を持っている。

■**コミットメント**（真剣に関わること）：当事者双方が、その関係は、維持し推進するためにエネルギーを使う価値があると信じ、感じる程度のものであること。

■**満足度**：当事者双方が、相手に対し好ましいと感じる程度。これによりその関係に対する前向きな期待が高まる。双方は、相手に対しその関係を維持するために積極的な措置をとっていると信じている。

「そう思う／思わない」の質問を有するアンケートによって、関係の評価を行なってみてほしい（1〜9段階評価）。アンケートの質問の完全なリストはwww.instituteforpr.comに掲載されているが、**図I-31**はウォルター・リンデンマンが関係の結果を測定するために使った質問のリストを短くまとめたものである。

**図-31**｜関係の結果の測定

**相互関係のコントロール**

1. この組織と私のような人たちは、それぞれが言うことを注意深く聞く。
2. この組織は、私のような人たちの意見を正当だと思う。
3. この組織は、私のような人たちに対応するとき、軽々しく扱う。
4. この組織は、私のような人たちの意見を真剣に聞く。
5. この組織の経営者は、意思決定をする過程で私のような人たちに十分な発言権を与える。

**信頼**

1. この組織は、私のような人たちを公平かつ公正に扱う。
2. この組織が重要な決定を行なうときにはいつも、私のような人たちのことを気にするということを私は知っている。
3. この組織は、約束を守るので信頼できる。
4. この組織は、決定を行なうときには私のような人たちの意見を考慮すると私は信じる。
5. 私はこの組織の技術をとても信頼している。
6. この組織には、すると言ったことを達成する能力がある。

**コミットメント**

1. この組織は、私のような人たちと長期的なコミットメントを維持しようとしていると私は感じる。
2. この組織は、私のような人たちと関係を維持したいと思っていることが私にはわかる。
3. この組織と私のような人たちとの間には、永く続くきずなが存在する。
4. 他の組織と比べ、私はこの組織との関係をより大事だと思う。
5. 私はこの組織とともに働くことを選択する。

**満足度**

1. 私はこの組織に満足している。
2. この組織と私のような人たちは、双方ともこの関係から利益を得ている。
3. 私のような人たちのほとんどは、この組織との交流に満足している。
4. 総合的にいえば、この組織が私のような人たちとの間で築いた関係に、私は満足している。
5. 大部分の人たちがこの組織を相手とすることを楽しんでいる。

（次ページに続く）

図-31（続き）

**エクスチェンジの関係**

1. この組織は、私のような人たちになにかを与えたり提供したりするときは、常に見返りを期待している。
2. 私のような人たちは、この組織と長期にわたって関係を有しているけれども、この組織は私たちになにか好意を提供する場合は、今でもなんらかの見返りを期待する。
3. この組織は、なにかを得られると知ったときは私のような人たちと妥協する。
4. この組織は、組織に対してなんらかの見返りを与えられそうな人たちを大切に扱う。

**社会との関係**

1. この組織は、他に対して援助することを特に望ましく思わない。
2. この組織は、私のような人たちの福利厚生について強い関心を持っている。
3. この組織は、弱い立場の従業員のことを利用すると私は感じる。
4. この組織は、他者を踏みつけることによって成功を収めていると私は思う。
5. この組織は、見返りを期待せずに私のような人たちを助ける。

この関係管理についてのＰＲの議論は、エーデルマン・ロンドンの元最高経営責任者（ＣＥＯ）のジェームズ・テルソンが３段階（アウトプット、アウトテイク、アウトカム）のＰＲ測定法と統合したものである。彼は、これに関係構築に関する評価のための四つ目の「Ｏ」を付け加えている。

**いまだＰＲ業界全体がこれらの測定の枠組みの意味合いを探っている段階で、さらに定義しにくい第４の問題が出てきている。何がそんなに問題かというと、「ＰＲに関する行動が、ビジネスネットワークにおける他のステークホルダー、さまざまな生産的関係、そして究極的には総株主への利益配当に対して、どんな影響を生み出したか」ということである。これはＰＲにとっての**

**ROI（投資利益率）の問題である。私はそれを多種多様なステークホルダーとのコミュニケーションとの関連で「アウトフロー」の問題と呼ぶことにする。**

テルソンはPRの測定法としての四つの『O』についてこのように定義している。

**アウトプット**（産出結果）：決まった対象に届くメッセージの量と質

**アウトテイク**（中間的成果）：その対象がPRメッセージから理解するもの

**アウトカム**（成果）：特定の目的の達成

**アウトフロー**（関係管理）：ステークホルダーとの測定可能な関係の確立

テルソンはまた危機管理コミュニケーションをアウトカムとしての関係と結びつけ、PR活動によって築かれた「関係に関する資産」の価値は、見えないものであり、過去のPR活動によって形成された善意を脅かすほどの危機が起こるまではその価値は、はっきりしないものである、と主張する。

彼は、この種のPR活動を評価することは「有意義な仕事」だと認めて次のように述べている。

この種のPRは、組織に対し、さまざまなステークホルダーとのネットワークに関する独自の関係モデルを開発することを求める。それによって、ステークホルダーの共感度と信頼度のレベルの変化を診断し、それをビジネス上の行動の変化に結びつける。こうしたことの蓄積により、やがてどことのつながりが掘り出しもので、どれがうわべだけのものかがわかる。

## すぐれた実務の開発

ＰＲ活動の実務についての最新の主要研究は２００３年末に英国で出版されたものである。このプロジェクトは英国ＰＲ協会（ＩＰＲ）と英国貿易産業省（ＤＴＩ）が共同で資金を出し、ヨーロピアン・センター・フォー・ビジネス・エクサレンスがこのプロジェクトの基本構造の開発を担当した。この報告書で認識された当面の課題を見れば、広範なＰＲ実務のなかでも特に、**評価に関連する問題と機会**がいかに見出しうるかがわかる。

■ＰＲの主要目的と、目的の達成の度合いに関する満足度についてのコンセンサスの増大。

■ＰＲは、長期的、戦略的な関係管理や、企業の社会的責任（ＣＳＲ）のような新しいトレンドに関与する視点から認識されることがますます必要となっている。

■ＰＲとその他のコミュニケーション機能の重複が引き続き問題である。

■社内のＰＲ担当者の間で、ターゲット層に対する調査の重要性と有効性に関するコンセンサスが欠如している。ＰＲに対する調査技術の利用を高める、さらなる努力が、業界全般にわたって行なわれるべきである。

■コミュニケーション戦略策定の役割に関するさまざまな取り組みと、それが全体のビジネス戦略を支援する範囲。

■組織・企業は現在、広範囲のPR活動をコンサルタント会社に外部委託している。しかし、そのプロセスは、大きな問題であると認識されている。というのもPRコンサルタント会社はクライアントのPRのオブジェクティブ（目標）設定の質が貧弱であると考えているからである。

■PRの委託と管理の分野における研修強化と開発のいっそうの必要性。

■PR実務家が広範な分野でいっそう高い能力を持つことの必要性。

■コミュニケーションに関する正式の資格を持つことが、決して一般的なことになっていない。

■コンサルタント会社および社内組織の50％以下しか正式なPRのプロに必要な研修・開発プログラムを受けていない。このことは、PR業界全般にわたって教育と研修が必要であることを示している。

■PRの評価は、さまざまな指標を見るとだいたいにおいて効果的だと考えられているが、コンサルタントも社内実務家も、PRコンサルタント会社などがPRの業績をベンチマークする能力は比較的低いと感じている。

**図-32**｜測定すべきPR業績の要素

・ターゲット層の認知、理解、態度および反応はPRの業績測定に重要な要素である。
・これは、メディア主要業績評価指標（KPI）は、単なる指標であってそれ自体が目的ではない、とする一般的な見解によって支持されている。
・しかしながら、ある人びとは、メディア報道の質、量、主要なメッセージを重要なパラメータであると指摘している。
・ジャーナリストとの関係も重要な尺度になるといわれている。
・これらに加えて、計画とスケジュールを考慮した場合のPR活動の達成度も測定されるべきであると考えられている。
・ビジネスの目的に対する貢献度が業績を測る総合的な尺度だとされたが、どのようにしてPR活動へのリンクができるかは具体的に述べられていない。

資料：DTI・IPR（2003年）

このＤＴＩ・ＩＰＲの調査報告書では、もしＰＲ実務家がクライアントや社内組織内において戦略レベルのアドバイザーになるべきであるとするなら、主要な条件として彼らの提供するアドバイスの価値を定量化できる能力が求められる、と述べている。ＰＲを評価する標準的な測定の問題に目を向けると、ＰＲ活動で目標にした一般大衆の態度に与えるＰＲの影響力を判定する効果的な測定尺度については一貫した見解がないように思える。特定の優先的な測定尺度がないので、周期的調査、個別のフィードバック、製品やサービスの販売高などが一般的に認められた尺度として利用されている。したがって、あらゆる状況に常に適した測定尺度はなく、関連する個々の問題、組織、対象によって変わる、ということでコンセンサスができているようである。**図－32**は、ＰＲ実務家がどの要素が測定されるべきと感じているかについての詳細がリストアップされている。

この報告書は、ＰＲ実務家、特に組織内や民間で働いているＰＲ実務家が調査を理解しないこと、また重視しないことを批判している。さらに、実務家は、調査をＰＲのプラニング過程での欠くべからざる一部としてではなく、マーケティングの一部に入れてしまう傾向があると指摘し、調査は評価と緊密に結びついており、調査の実施には専門的知識を必要とすると明解に述べている。

評価についての一般的な見方という点では、この報告書は、コンサルタント会社の実務家は少なくとも、彼らがサポートしているクライアントの「関係」に関する評価に注目しており、単純にＰＲの実務のみに集中してはいないことを確認している。つまり、ＰＲコンサルタント会社からの回答の50％は、彼らは**クライアントの組織のためにステークホルダーや大衆との関係の質を測定する**と答えている。この考えは、評価一般についての報告書のコメントにも表現されている。そこでは、なによりも、長期にわたる関係の強みと、効果的で十分な資金・スタッフの裏づけのある調査能力が重要であると指摘されている。

■ＰＲ評価に対する取り組み方は、その組織・企業の活動方針と矛盾していないことが必要である。たとえば、消費財を提供している企業と、公共サービスを提供しているものでは、効果的なＰＲ評価は異なってくる。

■業績測定を最適に行なうことは、その組織・企業の経営文化によるところが大きく、優れたPR実務家は評価に対するやり方をそれに合わせて調整する。
■よいPR評価は、大衆の長期にわたる認識の変化を理解できる効果的な調査能力が基礎になる。効果的な調査には、組織による適切な投資が必要である。
■よいPR評価は、測定しやすいものではなく、重要なものを測定する。メディアによる報道などPRのアウトプットの測定は、大衆の態度の変化といったアウトカムの測定よりも行ないやすい。しかし、報道全般より、重要な人びとに与えるインパクトのほうがより重要である。よいPRは、人びとの態度や長期的な関係の強さにインパクトを与えるべきである。
■PRの影響は間接的であることが多いので、原因と結果を証明することができない。また、テレビや映画のなかで、あるブランドが使われることの価値など、よいPRの効果を定量化することは難しい。よいPR評価は、定量化できないものを定量化しようとして資源を無駄遣いすることではなく、創造性、仕事の質、より困難な分野における結果など、単純で主観的な尺度を用いる。
■よいPR評価は、予想できない、あるいは異例なPR機会を斟酌する。あまりにも厳密な評価の枠組みは、測定基準に合わないことを理由にそのようなPR機会を逃してしまう可能性がある。

最後に、DTI・IPRの研究は、PRの実務とその評価の将来展望を繰り返し述べている。特に、評価は、複雑に絡むステークホルダーとの関係を円滑にし、支援し、改善することに関係するとしている。

**今後は、PRは、多数のステークホルダーとの相互作用を管理していくことに関係していくことになろう。ステークホルダーは、組織内部の人、顧客、その他の直接的な利害関係者、あるいは大衆の一人などさまざまであるが、このように多数のステークホルダーが存在する環境において、PR実務家は、異なる大衆間の相互作用について、また、それが組織にどのような影響を及ぼすかを評価できる専門家になる必要があろう。それぞれのステークホルダーにとって企業やその活動がどんな意味を持っているかを理解する必要があろう。**

最近では、メトリカ・リサーチ社が英国PR協会（IPR）とコミュニケーション・ディレクターズ・フォーラムのために調査研究を行ない、『PRとROIの測定・報告における最良の実務』と名づけられた本が2004年5月に出版された。PR評価との関連でのROI（投資収益率）という言葉のいい加減な使い方を整理し、事実上退けている。

**ROIの本当の定義は、その活動が全体コストに対して、どのくらいの利益または費用削減が**

**実現されたかの比率であり、それはパーセンテージで表される。実際には、PR活動は、そのような方式ではほとんど測定できない。**なぜなら達成された結果に対して、妥当で信頼できる財務的価値を算出するにはいろいろな問題があるからである。「PR ROI」という言葉は、非常に曖昧に使われていることが多く、混乱と誤解を招きやすい。このことが、PR業界が伝統的に、PR活動を効果に結びつける成功例を示すことができていない理由である。

これの望ましい代替案は、**「証拠に基づくPR」**について語ることであろう。これは、単純に**PR活動の結果としてもたらされる変化（差異）**であると定義されている。このような大まかな定義のもとで、洗練されたテクニックを駆使し、PR活動を測定し報告するすばらしい仕事がPR業界において行なわれていることは疑いない。それには次のようなものがある。

- **ターゲット層における認知度を上げる**（販売をサポートするため）
- **アピールする範囲と頻度を増やす**（ブランド確立をサポートするため）
- **お客様相談電話にかかる回数を増やす**（消費者の役に立つため）
- **ホームページの閲覧者をX人増やす**（より多くの人を啓発するため）
- **販売に関する直接問い合わせの数をXだけ増やす**（新しいビジネス情報ルートを整備するため）

るため）

■**ターゲット層へのメッセージ配信を増やす**（新しいターゲット層にある特定のサービスについて知らせるため）

IPR・CDFの提言は、前述したROIの真の意味について繰り返し触れると同時に、**PRの投資評価に関連した、評価に対するより洗練されたアプローチの必要性や広告価値相当（AVE）に関する重要な点を指摘**している。

■〝PR ROI〟という言葉は正しく使われていることはまれで、ほとんどの場合、「証拠に基づくPR」という、より正確で意味のある表現に置き換えられるべきである。混乱を避けるために、〝PR ROI〟は、ある特定のPR活動についての利益とコスト削減の比率が直接的に算出できる場合にのみ、使われるべきである。

■PR測定のコストは、PRプログラムが達成できる投資評価に対して検討されるべきもので、プログラムの予算そのものに対してではない。このようにすることで、評価のコストはよりよく正当化される。

■多くのPR実務家が求めているような特効薬的アプローチでなく、より洗練されたPRの測定に向けてPR業界の大いなる文化の変化が求められる。

■多くの問題は「PRは、基本的には金を使わない広告」という単純化しすぎた見方から生じている。これはAVEのような完全に信用を失ったのに依然として使われている「測定尺度」につながる。

■PRを宣伝と比較するときは、「アピールの範囲と頻度」や「宣伝広告の視聴者1000人当たりにかかる経費」、または信頼できる市場リサーチによって測定された認知度や態度の変化など、直接的に比べることが可能な測定尺度を使うべきである。

■PR業界は、適切な計画・調査・評価（PRE）を行なうのに技術的理解が必要であることをもっと強調すべきである。長期的には、PREの技術面を対象にする教育プログラムによって奨励されるべきである。当面の課題としては、IPRやPRCA（PRコンサルタント協会）、AMEC（コミュニケーション測定・評価協会）などの組織がこの問題解決のための努力を続けるべきである。

## 出来高払い

評価は、ここ数年の間に登場した出来高払い（Payment by Results=PBR）方式によって注目を浴びるようになった。PBRの、必要不可欠ではないが重要な要素は、業績を評価する基準を決定することである。PBRは多くの理由により、注目されるようになった。予算に対する圧力やPR支出の適切さに対する要求、そしてPRコンサルタント会社の提供するサービスの価値に対する彼らの自信が注目の対象となっている。ある意味では、コンサルタント会社は常に出来高で報酬を得ている。クライアントがコンサルタント会社の「結果」に満足しなかったら、彼らはその会社を継続的に使わないことになるからである。

出来高払い方式は、測定可能なよりよい結果をクライアントにもたらし、PR会社にはより高い報酬をもたらす、双方にとってウィン・ウィンの関係を構築するものである。このコンセプトは、コンサルタントの成功に対応した報酬の多寡を明確に定義された目標とリンクさせるものである。したがって、明確に設定されたPR目標に重点的に資源を投入することとなり、双方が利益を得ることができる。

PBRは、クライアントが満足のいくサービスを提供するPR会社をただ採用し続けるというためだけのものではない。すばらしい業績に対して支払われるボーナスにも関係している。この場合、その基本報酬はPR会社の通常の金額より低いものになる。つまり、PBR方式は、目標が達成された場合に支払われるボーナスと引き換えに、保証報酬額の低下につながっているようだ。明確ではないが、ある見方によると、保証報酬額は、PBRでない通常の報酬額の80％台であり、一般的には、基準が達成されれば通常の120％の報酬がボーナスとして支払われているようである。

PBRはコンサルタント報酬の手段として受け入れられ始めたように見えるし、PBRは非常に異なる二つのタイプのクライアントに適しているといえる。初めてPRのコンサルティングを使うクラ

**図-33**｜PBF方式の指針

1. PBFは、非常に優れた業績を出すことを奨励し、それに報いる手段である。
2. PBFからクライアント、コンサルタント会社の双方が利益を得る。
3. PBFは、公正、信頼、透明性、開放性を基本にする。
4. 双方は、成功ベースの構成要素に同意する。
5. 適切な評価システムは、PBF実施のための前提条件である。
6. PBFは現在の報酬システムの代用や、それに取って代わるものではない。
7. PBFの取り決めは、可能な限りシンプルであるべきである。
8. いったん行なわれたPBFの取り決めは、きちんと履行されなければならない。
9. 状況が変わった際は、PBFを見直す。
10. 尺度を限定しすぎると広範で総合的なコンサルティングの役割を損なうことがあることに注意せよ。
11. 尺度は、主観的、客観的、もしくは両方になりうる。
12. 尺度の数を注意して選ばなければならない。

イアントにとっては、ＰＢＲはある程度の安心感を与える可能性がある。本質的に、サービスは、提供された後でしか完全に評価することはできない。そこで、ＰＲ経験が乏しいクライアントは、結果による支払いから得られる安心感に魅力を感じるかもしれない。一方、ＰＲサービスを長年使用してきた経験のあるクライアントは、結果を評価するための基準を決めるのに必要な高度なＰＲ知識を有しているであろう。当然ながら、有効なＰＢＲ方式は、明確な基準と測定尺度に完全に依存しているのである。

**図―33**はパフォーマンス・ベースの料金（ＰＢＦ）についてのＰＲＣＡの指針の骨子を説明したものである。ＰＢＲとＰＢＦ(Performance-based Fee)は同じコンセプトに対する同義語のようなものである。

しかしながらＰＢＲには問題がないわけではない。少なくとも英国では、当初かなり普及したＰＢＲ方式が、低水準で行き詰まっている。一つの理由は、図－33の第5点と第7点の整合性に問題があるからである。「適切な評価システム」を「可能な限りシンプル」にすることは難しい。シンプルで同時に公正な方式を導き出すのもなかなか難しいことである。

同様に、影響度を測ることは、ＰＲが唯一使われるコミュニケーション手段である場合においてのみ適切である。しかし、その場合も、どんなにうまく展開されても、主要な外部イベントによってそのＰＲ活動の効果が減少また無効になることがある。ＰＲがさまざまな活動の一つであるというより一般的な状況において、メディア報道を尺度として使用できるが、注意しなければならないのは代替ゲームが醜い頭をもたげることである。

完全なＰＢＲ方式の採用が適当でない場合には、議論をすることが有益である。これはコンサルタントを初めて利用する顧客に対し、利用を進めるだけではなく、形式的なＰＲ計画の必要性はさておき、ＰＲ戦略の策定における目標主導のアプローチを促すのに役立つ。

「このアプローチは、ＰＲプロセスというよりも、顧客とそのビジネス戦略に焦点を当てたアプローチであるということができる」（オーエン）

# 評価を進展させる

ＰＲの評価は複雑な課題であり、さまざまな要因によって変化する。本書で取り上げている、評価に関する考え方の背後にある原則は次のようなものである。

■**評価の問題には簡単な解決方法はない。**特効薬はないし、聖杯もないし、努力しなくてよい方法は存在しない。私たちは、高度な考えを必要とする、高度なプロセスについて話しているのである。

■**効果的な評価は、効果的な目標設定から始まる。**最も単純な形では、ＰＲ評価は設定した目標が達成されたかどうかを単純にチェックすることである。ＰＲの評価が簡単でないのは、ＰＲの目標の設定が簡単でないからである（ＳＭＡＲＴの目標は理想的であるが、達成できるのはまれである）。

■**評価は、調査を基本とした専門分野である。**評価は調査であって、調査は評価である。ＰＲ実務の専門家はすべて調査の方法をある程度理解している必要がある。それによって、彼らが企画し、実施するプログラムをサポートするための適切な調査を理解し、委託し、分析することができる。

■**評価は、ＰＲ活動のプロセスを重視する。**なぜならプロセスが効果的であればあるほど、求めているインパクトを与えることができる可能性が大きくなるからである。プロセス評価は、ＰＲ専門家にとっては常に自動的に行なう作業である。

■**評価は、ＰＲ活動の影響度を重視する。**なぜならＰＲ活動の究極の目的は、ＰＲのプロセスにおけるアウトプット（産出結果）ではなくて、そのプロセスが大衆・利害関係者に与える影響度であるからである。

■**評価は、短期的な活動である。**なぜなら多くのＰＲキャンペーンは通常、周知効果を求め、認知度を高める性質のものであり、短期的な効果を持つからである。これらは通常、メディアとの関係に基づいており、メディア評価がその効果を測る指針になりうる。

■**評価は、長期的な活動である。**なぜなら多くのＰＲキャンペーンは、通常、態度や行動を変化させようとするもので、長期的な効果を持つからである。ここでは、メディア対応は、しばしば、さまざまな活動の一部であり、直接的に測定することが評価の一部とならなければならない。

■**評価は、それを利用する人に依存する。**なぜならＰＲの効果は、クライアントや経営者にとって重要な基準によって判断されるからである。われわれは彼らのＰＲに対する取り組み方をもっと洗練されたものにしたいと望むだろうが、現在の基準が出発点なのである。

■**評価は、状況に依存する。**なぜならＰＲが行なわれる範囲は、評価に利用される分析の範囲と合致していなければならないからである。日用消費財の新発売のための全国キャンペーンの評価と世界規模のＰＲ活動に対する評価では大きく異なる。

■**評価は、現実的である。**なぜならPRは実社会で行なわれている実利的な分野であるからである。比較的簡単に達成できることよって、何がうまくいって、何がなかなかうまくいかないかの目安がわかるときに、理想を達成するために試行錯誤を繰り返して資源を無駄遣いすべきでない。

## 評価についてのPRCAの助言

■**PREに投資するようクライアントに奨励する。**予算の7～10%を計画(Planning)、調査(Research)、評価(Evaluation)に充てるべきである。評価の費用は全体予算の一部として組み込まれるべきで、分散すべきでない。調査のタイプ、レベル、コストは、全体の予算を反映したものであるべきで、当初に設定された目標や求める結果との釣り合いがとれているべきである。

■**すべてのキャンペーンの実行前、実行中、実行後で計画、調査、評価をするよう依頼人を奨励する。**キャンペーン結果の評価は、前もって設定したベンチマークと比較するときに意味を持つ。プログラムの質を向上するのに役立つ情報を得られる場合には常に測定すべきである。

■**利用できる可能性のある分野や、注意して扱わなければならない問題を特定するために、完全な監査と調査を行なう。**

■**クライアントが訴求する対象とメディアを理解する。**キャンペーン開始時の調査は、誰をターゲットにすべきで、そこに到達するのにベストな方法を明確に示してくれる。

**■クライアントのメッセージを検証する。**ターゲット層のなかから精選したグループを検証することによって、貴重な情報を得ることができ、そのことでターゲット層に合わせてメッセージをうまく調整することができる。

**■広告価値相当（AVE）を使わないこと。**それは不十分なものであり、PRは広告の代用品であると示すことになる。AVEは、報道が肯定的か否定的か、また論説記事による推奨または批判の与える価値や損害について考慮しない。質の高い論説記事による推奨は、買うことができないので、それと同等の広告スペースのコストを使ってその価値を測ることは適切でない。

**■何がうまくいって、何がうまくいかなかったかを明確にする。**ほかの活動と同様に、間違いを繰り返さないようにすべきである。そうすれば、何が最もうまくいったかがわかる。

**■次のキャンペーンをよりよいものにする。**いちばん成功した戦術、最も反応がよかったターゲット層、最も適切であったタイミングとメディアなどについて学んだことを次のキャンペーンのために生かす。

## ❖PR実務家への質問

### 質問：今後10年間でPRの評価は、どのように展開すると思うか？

●今日、ＰＲはまだ確立されていない職業分野である。その分野で働く人びとの大多数の教育歴は人文科学や社会科学であり、十分な調査の訓練を受けていない。ＰＲは社会的にも商業的にも過去にないほど重要になってきており、今後、調査能力に優れた人材がもっと多くＰＲの分野に入って活躍していくだろう。（デジャン・ベルシック）

●今後、ＰＲ評価はますます必須のものになり、評価を行なわないＰＲ実務家は取り残されていくだろう。それは、コンサルタントとして商売を獲得できないし、社内のＰＲ担当者であれば、予算を獲得できないだろう。（アリソン・クラーク）

1. 証拠のいっそうの重視。
2. 予算の明確化。
3. うまくいけば、信用が得られ、ＰＲの責任範囲の拡大と組織的統合につながる（たとえば、コー

ポレートガバナンス、資金調達、リスク管理、ハイベルの政府・政治対応など）。（フラン・ヘイゴン）

●今日のように、事後にその存在を正当化することから、事前にうまく計画する方向に変わる。言い換えると、評価を強調することから、より効果的なプランニングを目指す立場へと明白な転換が起こるだろう。（クリスピン・マナーズ）

●それはPR代理店の内部で行なわれる活動になる。多くの場合に、その専門の部署が置かれる。クライアントはそれに対する費用を払うことを依然として拒否するであろうから、われわれ代理店がそのコストを持たなければならないだろう。（ロレッタ・トービン）

●企業は、目に見える結果について、さらに要求を厳しくするので、PRの効果について実証することが今後数年間はいっそう重要になる。グローバル化が進むなか、科学技術を活用した評価テクニックが開発され、PR活動をビジネス戦略の一部として重視する結果、ITが大きな役割を担うと思う。（レイ・マウェレラ）

●われわれの業界においてPR評価が日常語の一部になるよう希望する。酸素のようなものであるべ

きだ。生きるために絶えず使われるが、毎日、医学的に議論するものではない。（アナベル・ウォレン）

●キャンペーンにとって役に立つものである。何でもみんなやってくれる、より高度な評価ソフトウエアができてその市場が生まれると考える。それは、たとえば一方からデータを入力すると、反対側からそのデータを完全に分析したものが出てくるようなものである。（ローナ・オドネル）

●それは、クライアントが期待するものになると思う。（クララ・ザワウィ）

●より明確に規定された人口動態データと並んで、コンピュータベースのソフトウェアとツールの信頼性が増大する。マイナス面は、大衆が調査されすぎ、コンサルティングを受けすぎた結果、調査に参加する人の質が低下し、問題の多い結果が出ることである。調査と見せかけて、大衆にアプローチするマーケティング・販売組織による利用が加速すれば、意味のある良質の参加者をさらに減らすことになる。（トム・オドノヒュー）

●信頼できるものにする。その役割の説明を取締役会できちんとできるようにする。ＰＲ評価は、メディアに偏重しない計画へと転換するであろう。というのも、すべての分野にわたって、真の測定とは、どのツールをいつ、どこで、そして他のどんなツールと組み合わせて、使うべきなのか、という当然の疑問を提起するものであるからである。（マイク・コップランド）

●評価のツールは価格が下がり続け、より高度になるが、残念ながらそれによっても評価の測定がこれ以上に正確なものに、あるいは、決定的なものになるわけではない。私たちは行動様式の変化（認識であろうが行動であろうが）について測定しているのである。そして、ターゲットにするそれぞれの大衆ごとにプログラムを細かく分割しなければ、真に決定的な評価をすることは困難である。しかし、評価を行なうこと自体は大切である。ターゲットをベンチマークする訓練になるし、明確な目標を作り、測定することは、結果として、よりよいプログラムを導く。（マット・クチャルスキー）

●もし私が本当に知っていたなら、評価業務を行なう会社を起こしたであろう。これからはオンラインが中心になる。広告主が、ある特定の宣伝をどれくらいの人数が見ているかの数値を即座に知ることができ、そのデータをパソコン上で分析することができるように、キャンペーンもオンラインで評価されることになる。ユーゴブ（英国のオンライン調査サービス）は、すでにこの方法でインタビューを行ない、世論調査を行なっている。評価もこの形式で行なわれるかもしれない。（リチャード・オフアー）

●ＰＲは比較的新しい概念であって、過去20年間でかなり発達してきた。ＰＲキャンペーンの評価は、それほど強い注目を集めていない。しかし、キャンペーンの評価から得られる便益により、この先、評価テクニックが向上し、評価はＰＲ活動にとっては必要不可欠な要素になろう。また、企業にキャンペーンをコントロールする力を与え、また回答率を上げるであろう。（アダム・コノリー）

●よりよいものになっていく。（ジョン・ブリス）

［訳者紹介］

**林　正**（はやし・ただし）

1948年生まれ。早稲田大学大学院経済学研究科卒。1975年経団連事務局入局。広報部次長、総務本部秘書グループ長、環境・国土本部長、産業本部長等を経て、2004年（財）経済広報センター常務理事・事務局長。2006年よりマサチュセッツ工科大学センター・フォ・インターナショナル・スタディズ、リサーチ・フェロー。著書に『すでに起こった未来』『未来への決断』（共にP.F.ドラッカー著、共訳、ダイヤモンド社）、『実践戦略的社内コミュニケーション』（シェル・ホルツ著、監訳、日刊工業新聞社）がある。

**石塚 嘉一**（いしづか・よしかず）

1941年生まれ。同志社大学文学部英文学科卒。1965年ジャパンタイムズ入社。1972-73年ハワイ大学東西センター・コミュニケーション研究所、ハワイ大学大学院アメリカ研究卒。社会部、政治・経済部記者を経て、報道部長、編集局次長、取締役編集局長を歴任。2003年より（財）経済広報センター編集顧問。

**佐桑　徹**（さくわ・とおる）

1958年生まれ。慶應義塾大学経済学部卒。経団連事務局、東京新聞（中日新聞）経済部記者を経て、1998年（財）経済広報センターへ。2005年より国内広報部長。主な著書に『図解でわかる部門の仕事［広報部］』（日本能率協会マネジメントセンター）、『広報PR＆IR辞典』（共著、同友館）、『実践戦略的社内コミュニケーション』（シェル・ホルツ著、共訳、日刊工業新聞社）等。

[著者紹介]

**トム・ワトソン**（Tom Watson）

オーストラリアのチャールス・スタート大学コミュニケーション学部（大学院）学部長・准教授。企業広報やPRコンサルタントとしての経験は25年を超える。2000年から2002年にかけて英国PRコンサルタント協会会長。広報評価モデルの研究でノッティンガム・トレント大学で博士号を授与された。

**ポール・ノーブル**（Paul Noble）

英国PR協会公認のトレーナー。同協会研修プログラム責任者。e-ラーニング専門家。PRコンサルタントであり学者でもある。PRコンサルタント会社の部長で、コンサルタント会社での経験は25年を超える。



**広報・PR効果は本当に測れないのか？**

——PR先進国の評価モデルに学ぶ広報の効果測定

2007年7月26日　第1刷発行

著　者——トム・ワトソン／ポール・ノーブル

監訳者——林正／石塚嘉一／佐桑徹

発行所——ダイヤモンド社

〒150-8409　東京都渋谷区神宮前6-12-17

http://www.diamond.co.jp/

電話／03･5778･7235（編集）　03･5778･7240（販売）

装丁————竹内雄二

製作進行——ダイヤモンド・グラフィック社

印刷————信毎書籍印刷(本文)・共栄メディア(カバー)

製本————宮本製本所

編集担当——坪谷美智子





ISBN 978-4-478-00035-9